सुबह की उम्मीद

(ग़ज़ल-संग्रह)

वाणी प्रकाशन
21-ए, दरियागंज, नई दिल्ली-110002
फोनः 23273167, 23275710, 51562621, 51562622
e-mail : vani_prakashan@yahoo.com
vani_prakashan@mantraonline.com

सुबह की उम्मीद

बी.आर. 'विप्लवी'

वाणी प्रकाशन

वाणी प्रकाशन

4695, 21-ए, दरियागंज, नयी दिल्ली 110 002

शाखा

अशोक राजपथ, पटना 800 004

फ़ोन: +91 11 23273167 फ़ैक्स: +91 11 23275710

www.vaniprakashan.in
vaniprakashan@gmail.com

SUBAH KI UMMEED
by Bikrama Ram 'Viplavi'

ISBN : 81-8143-207-X
Ghazal

संस्करण 2004
आवृत्ति 2014

मूल्य : ₹125.00

हर्ष प्रिंटर्स, दिल्ली-110 093 में मुद्रित

वाणी प्रकाशन का लोगो मक़बूल फ़िदा हुसेन की कूची से

समर्पण

इज़्ज़तमआब

प्रो. वसीम बरेलवी

के नाम!

जिनके आशीर्वाद एवं हिम्मत–अफ़ज़ाई ने

मुझे आपसे यूँ रू-ब-रू कराया

दर्द को इक जुबान देते हैं......

दो मिस्रों में एक दुनिया-ए-मानी आबाद कर देना ग़ज़ल का मोजिज़ा (चमत्कार) है। इन मिस्रों को ज़िंदगी की ख़ुशी-ओ-ग़म या दीगर एहसासात की, लफ़्जों से तरजुमानी करनी होती है। यह एक कष्ट-साध्य एवं तलवार की धार पर दौड़ने जैसी प्रक्रिया है। ज़िंदगी से जुड़ने, उसे महसूस करने एवं उससे तादात्म्य स्थापित करने की गहन संवेदना के साथ ही साथ उन एहसासात को लफ़्जों के ज़रिए ट्रांसप्लांट करने की तरकीबो-कुव्वत ही कामयाबी नहीं अता करती है बल्कि श्रोता या पाठक की अपनी पृष्ठभूमि, रुचि, उसकी संवेदनशीलता एवं उन लफ़्ज़ों से उनके तादात्म्य का भी अहम रोल होता है, जिससे शायर की संवेदना लगभग उसी रूप में अवाम के दिलों तक पहुँच पाती है। ये एहसासात शायर के दिल में संवेदना का खाद-पानी पाकर लम्हा-लम्हा विकसित होकर बीजांकुरित होते हैं और एक दिन वे लफ़्ज़ों की सूरत में जन्म ले लेते हैं। यह सृजन की आम प्रक्रिया जैसी ही है, जहाँ जन्म देकर मां एक आह्लाद एवं गौरव महसूस करती है एवं संतुष्ट होती है। एक छिपे बीजांकुर की ऊर्जा को अवाम के सामने लाने का मातृत्व सुख अपने आप में आह्लादकारी है। शायर भी अपनी कामयाबी इस ख़ामुशी को तोड़ने में और इसे नई सृजनात्मक ऊर्जा देने में महसूस करता है। शायर की इस सृजनशीलता को मैं तो यही कहूंगा कि–

ख़ामुशी से बयान देते हैं।
दर्द को इक ज़ुबान देते हैं॥

यह सच है कि काव्य या शाइरी में कवि या शायर अपनी दृष्टि से दिखाई देने वाला अपना सच बयान करता है। यदि यह सच पाठक या श्रोता की दृष्टि में भी उसी तरह उतरता है या उसके जज़्बात को, उसके भोगे हुए क्षणों से उसे रू-ब-रू कराता है, तो वही कविता या शाइरी करोड़ों दिलों में रच-बस जाती है, और करोड़ों जुबानों से बेबाक निकलती है। किंतु किसी कवि या शायर के कोई-कोई

एहसास कभी-कभी बहुत कम दिलों पर असर डाल पाते हैं। ऐसे विरले अनुभव विरले लोगों तक ही पहुँच पाते हैं। जिसका जायक़ा आम जायके से बिल्कुल अलग है और उसे समझना या एप्रेशिएट करना न तो सबके बूते का है, न सबसे ऐसी उम्मीद ही की जानी चाहिए। मसलन बदलते परिवेश में अर्द्धशिक्षित ग्रामीण आबादी को आज भौतिक सुख और फिल्म/टी.वी. कल्चर ने ऐसा स्वार्थी, भितरघाती एवं हिंसक बना दिया है कि यह बात भुक्तभोगियों को ही पता है अन्यथा शहरी आबादी गाँव के भोलेपन के फ़रेब में इस शेर का क्या अर्थ लगाएगी :

अब सुना है जंगलों में शेर का है ख़ौफ़ कम।
गाँव में लेकिन बिना बंदूक़ के मत जाइए॥

गरज़ यह कि शेर लिखे सबके लिए जाते हैं किंतु सबके हो नहीं पाते। यह सफाई देकर अपना अहंकार या दूसरों की कम समझी पर व्यंग्य करने की मेरी मन्शा नहीं है। मेरी अर्ज़ शाइरी को उसकी वास्तविक पृष्ठभूमि में खुली दृष्टि से देखने की है।

बाज़ दफ़ा ऐसा लगा कि सच की सपाट बयानी से लोग मुतमईन नहीं होंगे फिर भी फितरतन मैंने अपने जज़्बा-ओ-एहसासात पर झूठा या दिखावटी मुलम्मा चढ़ाने में अपने आपको नाक़ामयाब पाया है।

काव्य या शाइरी की दुनिया को जज़्बाती समझा जाता है इसीलिए इसे अक्सर आनंद लेने या रस लेने का साधन समझा गया है। मैं इस बात को यूँ मानता हूँ कि यह दिल की ख़ुशी आदमी की भावनाओं में झंकार पैदा करके भी मिलती है और उसे झकझोर करके भी। इसीलिए इसमें वो ताक़त है कि सोये लोगों को जगाए और आगे की लड़ाई के लिए तैयार करे। आज की कविता या शाइरी की यह ज़रूरत भी है।

मेरा पहला मजमुआ 'तश्नगी का रास्ता' 1994 में प्रकाशित हुआ था और अब दस वर्षों के बाद यह दूसरा 'ग़ज़ल-संग्रह' आपके हाथों में है। इतने लंबे समयांतराल में ज़िंदगी में कई उतार-चढ़ाव आए। जिन एहसासात, तजर्बात एवं जज़्बात की लफ़्ज़ों से तरजुमानी शुरू की गयी थी, वह आज इस मुकाम तक यूं ही नहीं पहुँची है। बेरहम वक़्त ने इनको घिस-घिसकर कुछ नए निशान और नए घाव दिए हैं कुछ पुराने घावों को नासूर कर दिया है। जो भी हो यह तरजुमानी बेहद मुश्किल काम था। मैं अपने दिल में एक ज्वालामुखी लिए सोच ही रहा था कि ऐन वक़्त उसकी तासीर बताने और अपनी मुहब्बतो-ख़ुलूस का तोहफ़ा लेकर मशहूर अंतर्राष्ट्रीय शायर मोहतरम वसीम बरेलवी मिल गए और मेरा काम आसान हो गया। उनकी प्रेरणा, मार्ग-दर्शन और इन सबसे बढ़कर उनकी अज़ीम

शख़्सीयत से जो सबक़ मैंने सीखा उसे लफ़्जों में ला पाना बेमानी है। उनके प्रति कृतज्ञता प्रकट करके मैं उनके रहमो-करम को संकुचित नहीं करना चाहता। जिसकी जगह दिल में हो वह काग़ज़ पर क्यों उतरे?

इस पुस्तक की पाण्डुलिपि तैयार कराने में पूरे मनोयोग से लगे रहने वाले श्री दलजीत सिंह, राजेन्द्र कुमार एवं श्री मनोज कुमार मंजुल का आभार प्रकट किए बिना मेरी बात पूरी नहीं हो सकती। मैं इनका तहे-दिल से कृतज्ञ हूँ।

सुधार और तब्दीली एक निरंतर चलने वाली प्रक्रिया है, जिससे साहित्य और कला को नए आयाम हासिल होते हैं। मैं समीक्षकों की नुक्ता-चीनी और बेशक़ीमती मशविरे का मुंतज़िर हूँ।

इस किताब को आपके हाथों सौंपते हुए मुझे बेइंतिहा ख़ुशी हो रही है। आपकी बातें आप तक पहुँचें यही इसका मक़्सद है। मैं तो साधन मात्र हूँ। आमीन!

इज़्ज़तनगर, बरेली

बी.आर. विप्लवी

दो लफ़्ज़

विप्लवी जी से मिले ज़्यादा दिन नहीं हुए—मगर लगता है, जाने कब से जानता हूँ। यह ज़हनी-रिफ़ाक़त का वह एहसास है जिसकी पायेदारी वक़्त की तरफ़ नहीं देखती। अच्छे लोगों से मिलते हुए अब डर-सा लगता है, महज यह सोचकर कि—'इतनी जगह कहाँ है दिले-दाग़दार में'—मगर हर एहतियात के बावजूद कुछ लोग जीवन में आते हैं जो अपने पूरे हक़ के साथ दिल के निहांख़ाने में उतर जाते हैं और एतबार के हर पहलू पर क़ब्ज़ा जमा लेते हैं। विप्लवी जी ऐसे ही मनमोहक व्यक्तित्व के मालिक हैं। पता ही नहीं चलने दिया, कब ऐसे हो गये कि जैसा होने में उम्रें लग जायें। वास्तव में यह परिचय है उनकी शख़्सियत की उस सरलता का, जिसने मुझे अपनी गिरफ़्त में कुछ इस तरह लिया कि मुझे उनमें अच्छाई के सिवा कुछ दिखता ही नहीं। यह एक ऐसा मरहला है जहाँ उनके वुजूद में साँसें लेते फ़नकार के बारे में कुछ लिखना और मुश्किल हुआ जाता है।

गुज़िश्ता दो-ढाई साल में उनकी शायराना-सलाहियतों से तआर्रुफ़ ने उनकी सोच के रंगारंग मौसमों से कुछ इस तरह रूशनास कराया कि मुझे उनके शेरी-तेवरों में एक मुस्कुराते भविष्य की आहट सुनाई देने लगी। ग़ज़ल का आलमगीर जादू अब किसी भाषा की मीरास न होकर सारी मानवता का आरज़ूनामा बन चुका है। इसीलिए आज हिंदुस्तान की भी अक्सर भाषाएँ ग़ज़ल के ही लहज़े में बात करना चाहती हैं। विप्लवी जी जिस प्रकार हिंदी-संस्कार के फूलों को उर्दू तहज़ीब की ख़ुश्बू में बसाने का प्रयत्न कर रहे हैं, उसने उनकी ग़ज़लिया-शायरी को लायक़े-तवज्जो बना दिया है। ग़ज़ल वह भी कहते हैं जिन्हें कुछ और करना चाहिए—और वह भी, जिन्हें ग़ज़ल ही कहनी चाहिए। अब इन इंतहाओं के बीच पता नहीं कितनी आवाज़ें हैं जिन्हें खो ही जाना है—मगर विप्लवी जी की आवाज़ खो जाने वाली आवाज़ नहीं। उनकी आवाज़ हवा का आवारा झोंका नहीं—नसीमे-सुबह का वह नग़मा है जिसका आज भी है और कल भी। अपने माहौल की बेदर्द सच्चाइयों, अपनी

ज़ात की तह-दर-तह गहराइयों और अपने तजरबों की रौशन इकाइयों को शेरी-पैकर देना और ज़मीनी एहसास से जुड़े रहना उनकी काव्य यात्रा का वह असासा है जो उनके फ़न को नये आयाम देने में पूरी तरह सक्षम है। उपरोक्त निवेदन से सहमति के लिए विप्लवी जी के कुछ शेर हाज़िर हैं—पढ़िये और मेरी तरह लुत्फ़ लीजिए—

नेक नीयत नहीं दुआओं में
लोग दिल से ग़रीब लगते हैं

कहाँ सीखेंगे बच्चे ज़िद पकड़ना
सभी मेले तमाशे जा रहे हैं

यहाँ ख़ूबी-ख़राबी की कसौटी कुछ अलग ही है
यहाँ तो आदमी से पहले उसकी 'ज़ात' जाती है।

—वसीम बरेलवी

भाई विप्लवी जी की ग़ज़लें पढ़कर मन मुग्ध हो गया। आजकल ग़ज़लें तो हर कोई लिख रहा है लेकिन बहुत कम लोग हैं जो ग़ज़ल की आत्मा तक पहुँच पाए हैं।

अपने शेरों में ज़िंदगी की तल्ख़ हक़ीक़तों और वर्तमान परिवेश को जिस कुशलता और जिस नफ़ासत के साथ आपने उजागर किया है, उसकी प्रशंसा करने के लिए शब्द कम पड़ रहे हैं। एक नहीं हर ग़ज़ल में कितने ही शेर ऐसे हैं जो हमेशा हमेशा याद किए जाते रहेंगे। दो-चार शेर यहाँ दे रहा हूँ—

उम्र की दास्तान लंबी है
चैन कम है, थकान लंबी है
ज़िंदगी की ज़रूरतें समझो
वक़्त कम है, दुकान लंबी है

× × ×

विप्लवी दुश्मनों से भी झुककर मिलो
आख़िरी वक़्त जाने विदा कौन दे

× × ×

घर को जाते हुए परिंदे तो
आसमानों से शाम लिखते हैं।

विप्लवी जी की कृति 'सुबह की उम्मीद' जब भी छपकर आएगी, तब यह एक उपलब्धि ही नहीं मानी जाएगी बल्कि अनेक ग़ज़लकारों को ग़ज़ल कहने का शऊर भी सिखाएगी।

—पद्मश्री डॉ. गोपालदास 'नीरज'

भाई विप्लवी जी की ग़ज़लों का अध्ययन किया। भाई बड़े-बड़े लोग इस देश में हैं जो इन ग़ज़लों पर भरपूर लिख सकते हैं। मेरी राय ग़ज़लों के सिलसिले में मोर के पाँव समझें।

ग़ज़ल एक ऐसी विधा है जो अपनी तमाम खूबियों के साथ गुजराती, बंगाली, तेलुगू, उर्दू, हिंदी में मौजूद है और हर क़लमकार का प्यार से दिल लुभाए हुए है। विप्लवी जी की ग़ज़लों की सरलता, सहजता देखकर हर पढ़ने सुनने वाला यही सोचेगा कि उसके ही हृदय की बात है। कुछ नकचढ़े ग़ज़ल को भी बाँटने में जुटे हए हैं और उसका नामकरण कर रहे हैं, हिंदी ग़ज़ल, गीतिका आदि नाम दे रहे हैं, परंतु मेरे विचार से हर भाषा में ग़ज़ल ग़ज़ल ही रहेगी, विधा विधा होती है, दोहा हो या छंद ग़ज़ल हो या क़सीदा। आमतौर पर हिंदी क़लमकार ग़ज़ल की मात्राओं से दूर भाग कर कह रहे हैं। आप के यहाँ बहरों की पाबंदी है, सहलमक्तना है, ताज़ा सोच है, परंपराओं के साथ आधुनिकता का संगम है। शब्दों की गूँज, गमक, एक-दूसरे से संपर्क बहुत मज़बूत है, ग़ज़ल का यही कारनामा एवं मंज़रनामा है कि सादगी को बाँकपन में बदल दे। आपने अपनी ग़ज़लों में रवानी के साथ मायनी को उजागर किया है, यह एक पुख़्ताकार का काम है। मेरी शुभकामनाएँ एवं दुआएँ हैं कि आप इसी तरह अपनी खूबसूरत ग़ज़लों से भारती साहित्य का आँचल एवं मायनवी केश को सँवारते हुए धनवान बनाते रहें।

—पद्मश्री बेकल उत्साही

सुबह की उम्मीद सी रोशन ग़ज़लें

सुबह की उम्मीद यूँ रौशन रही
इस भरोसे रात काली कट गई

मैं सुबह की उम्मीद सी रौशन ग़ज़लों के रू-ब-रू हूँ। आज की कविता का कथ्य अपनी संपूर्ण सघनता के साथ दिल और दिमाग़ को जैसे धीरे-धीरे छू

रहा है। यह ग़ज़लें सामान्य आदमी की चिंताओं की कोख से बाहर आई हैं। भाई बी.आर. विप्लवी बिना किसी ढिंढोरे के प्रगतिशील एवं जनवादी मूल्यों को साथ लेकर चले हैं। उन्होंने समकालीन समाज का स्पष्ट बिंब उतारने के लिए ग़ज़लों का एक धुला-निथरा आइना तैयार किया हैं। इस महत्वपूर्ण विधा का शिल्प भी उन्होंने बख़ूबी साधा है।

एक अव्यक्त बेचैनी, बेकली, छटपटाहट ग़ज़ल का स्थाई भाव है। इन ग़ज़लों से गुजरना अँधेरी गलियों से मशाल लेकर गुज़रने जैसा है। मशाल, जो काली रात के बदनीयत अँधेरों के टुकड़े-टुकड़े कर ही देती है। ग़ज़लकार के मानवीय सरोकार और सामाजिक प्रतिबद्धता दोनों ही उसके सज़ग, सतर्क और जागरूक होने के पुख़्ता सबूत हैं। वह अपनी ग़ज़लों में रचनात्मक कन्फ़्यूजन के लिए तिलभर भी जगह नहीं रखता, उसका पारदर्शी विज़न और गहरा दृष्टिबोध उसे ग़ज़लें कहने वालों की भीड़ में सर्वथा पृथक एवं चमकदार चेहरा देता है।

निश्चित ही यह ग़ज़लें, ग़ज़ल विधा में कुछ रचनात्मक एवं धनात्मक जोड़ेंगी, ऐसी है मेरा यक़ीन। आमीन! आमीन! आमीन!

—यश मालवीय

उम्दा ग़ज़लों की किताब

जनाब बी. आर. 'विप्लवी' की ग़ज़लों से 'रुशनास' होने का मौक़ा हाथ लगा। कहना न होगा कि 'विप्लवी' साहब के पास भरपूर शेरियत है; ग़ज़ल कहने का माद्दा है; जटिल परिस्थितियों को ख़ूबसूरती से अशआर में ढालने का हुनर है—

पैर फिसले, ख़ताएँ याद आईं
कैसे ठहरें ढलान लंबी है

× × ×

कुआँ खोदा गया था जिनकी ख़ातिर
वही प्यासे के प्यासे जा रहे हैं

मेरी नज़र में उम्दा अदीब वह है जो सीधी-सरल ज़बान में बड़ी बात कह दे। जिसके पास अहसासों का उलझाव न हो; और ये ख़ूबी विप्लवी साहब के पास है, बानगी बतौर कुछ शेर...

कहाँ सीखेंगे बच्चे ज़िद पकड़ना
सभी मेले-तमाशे जा रहे हैं

× × ×

बाज़ार की शर्तों पे ही ले जाएगा शायद
वो आँखों ही आँखों में मुझे तोल रहा है

× × ×

पढ़ने वालों ने पढ़ी मेरी जफ़ा उसकी वफ़ा
आँसुओं में लिखके वो ऐसी कहानी ले गया

× × ×

अदाकारी जिन्हें आती नहीं वे मात खाते हैं
फ़क़त सच होने से ही बात सच मानी नहीं जाती

× × ×

याद रखना ये साथ छूटा तो
दोस्त भी उँगलियाँ उठाएँगे

कुल मिलाकर भले ही विप्लवी साहब ज़िंदगी को समेटने के प्रयास में नाकाम रहे हों–

है अजब मसअला ज़िंदगी का यहाँ
हम समेटा किए वह बिखरती रही

लेकिन अहसासात को समेटने में और उन्हें शे'र की शक्ल देने में जनाब विप्लवी जी को महारत हासिल है। आपकी उम्दा ग़ज़लों से सजी यह किताब 'सुबह की उम्मीद' ख़ासी उम्मीद जगाती है कि मक़बूलियत हासिल करेगी ! लोग सहेज कर रखेंगे इसे!

–अशोक 'अंजुम'

अनुक्रम

उम्र की दास्तान लम्बी है 23
दूर से ही क़रीब लगते हैं 24
इबादतख़ाने ढाए जा रहे हैं 25
आँख का फ़ैसला, दिल की तज्वीज़ है 26
तू हज़ारों ख़्वाहिशों में बँट गयी 27
उसका अहदे-वफ़ा मज़हका सा लगे 28
पतंगों की उड़ानों को यहीं पर मात होती है 29
मुझे वह इस तरह से तोलता है 30
जहाँ शीशे तराशे जा रहे हैं 31
ख़ामुशी से बयान देते हैं 32
थक गई है, नज़र फिर भी उम्मीद है 33
ये कौन हवाओं में ज़हर घोल रहा है 34
भोले बचपन की लड़कपन की निशानी ले गया 35
ज़रूरत के मुताबिक़ चेहरे लेकर साथ चलता है 36
शहर सन्नाटा हुआ है, क्या करें 37
बढ़ते ही गए राह पे मुड़कर नहीं देखा 38
जहेज़ों के लिए जब लौटकर बारात जाती है 39
ज़िन्दगी जंग है मिलके सर कीजिए 40
दिल की दुनिया का सुकूँ बेचैनियाँ ले जाएँगी 41
दिया हूँ मैं, मुझे सूरज का हमसफ़र कर दे 42
अगर तस्कीन हो जाए तो हैरानी नहीं जाती 43
आज मौसम सुहाना ज़हर हो गया 44
दरपन देखके डरने वाला 45

मैं अगर सच से किनारा करता	46
जहाँ तक ज़िन्दगी का वास्ता बहकाएगा हमको	47
है हुकूमत कहाँ, आसरा कौन दे	48
कर्ज़ में जन्मा उसी में मर गया	49
साज़िशें जो तमाम लिखते हैं	50
चेहरे नकली हैं नज़र के अब न धोखे खाइए	51
शाखों पर फूलों-पत्तों ने ये जो रंग सजाए हैं	52
आशियाने को सजाने की ही बात आयी है	53
बिगड़ा हुआ माहौल बना क्यों नहीं देते!	54
आज का इश्क़ तो इक अदा सा लगे	56
दिल से जाना है तो फिर दिल को जलाता क्यूँ है	57
मुश्किलों से जो ख़ौफ़ खाएँगे	59
इस तरह सच की क़ीमत चुकानी पड़ी	61
वो नज़र प्यार में भीगती रह गयी	62
जाने क्या जंग के नाम पर ले गया	64
रास आते नहीं हैं उजाले उन्हें	66
नसीब जिसको कोई आसमान होता है	67
चाँदनी जब भी उतरती है मिरे आँगन में	69
गोश्त की गठरी पे गिद्धों की है रखवाली मियाँ	70
आसमाँ से अगर वे उतर आएँगे	71
यार सब हो गए बेवफ़ा उन दिनों	73
वह गया तो अजब सिलसिला रह गया	75
चोर मेरे घर की मिट्टी को कहाँ ले जाएगा	77
सारी चीज़ें हैं ख़ुदा की, क्या चुरा ले जाएगा	79
उसूलों पे जो लोग चलते रहे	81
लिफ़ाफ़े पर पता तो ठीक लिक्खा चाहिए साहब	83
चोट खाती रही, जंग करती रही	84
झूठ हँसते रहे ग़म छुपाते रहे	85
लक्ष्य पहले बनाने की ज़िद कीजिए	87
ख़्वाब बोता रहा आदमी	88
आग, मिट्टी, आसमाँ, पानी, हवा	89
जुटा लें एक-जहती का सरो-सामान होली में	90

ख़ुद पे ईमाँ लाओ तो ज़र्रा ख़ुदा हो जाएगा 92
ख़ाक-ए-पा ख़ुद को मान के निकले 94
यार अजब सौदाई[1] निकले 95
यक-ब-यक इज़्ज़त मुझे नाआश्ना देने लगे 97
ज़िद पे तूफ़ाँ है, किनारा कहीं मिला न मिला 98
उस दर से लौट आना साहस की बात होगी 99
रातों के अँधेरों से, उम्मीद ही क्या रखना 100
तेरी नफ़रत प्यार हमारे 101
ठहरे हुए पानी में लहर देख रहे हैं 102
बद्गुमाँ आँख को सच राह जो दिखलाऊँगा 103
उजड़ गया है तो फिर घर कहीं बसा लेगा 105
झूठ को झूठ कहकर पुकारा करे 106
गुस्सा थूको छोड़ो यार 107
तिरे बग़ैर तो होगा हिरास का मौसम 108
सच हुआ बेज़ुबाँ, ये किसे है पता 109
आँख के दर थे खुले, चुपचाप आया ले गया 110
जो भी तिरी हस्ती को मिटाने में लगे हैं 111
तअल्लुक़ ही न था मुझसे तो यह तुझको हुआ क्या था 112
ज़िन्दगी इश्क़ है, बेवफ़ा हैं क़दम 113
जिसे तिरी हो उसे क्यों किसी की आस रहे 114
दिल चुराते हैं, जान लेते हैं 115
कोई मेरा भी ख़ुदा बनके मिरे साथ रहे 116
चेहरे से नक़ाब अपने हटा क्यों नहीं देते 117
आँधियों के सामने जलता दीया बनकर 'कबीर' 118
अब के सावन में ये कमी होगी 119
ये सूखी आँख बे-पानी, अजब किरदार लगती है, 120
वह जब भी सच छुपाकर बोलता है 121
जो दर्द हमारे अपने हैं वो दर्द ज़माना क्या जाने 122
आज चुप है सड़क, शहर ख़ामोश है 123
एहसान करके कीजिए ईसार, ऐ हुज़ूर 124
वो तो न आए और न आने थे वाक़ई 125
मेरी आँखें, उसके सपने 126

वो झूठे सर उठाके जा रहे हैं 127
किसी का आसरा हमने लिया लिया न लिया 128
आँख का अश्क मिरे दर्द से कमतर निकला 129

आज़ाद अशआर

दिल शाद है तो रब को दुआ क्यों नहीं देते 133

जिसे तिरी हो उसे क्यूँ किसी की आस रहे
वह ख़ुद से दूर कहाँ है जो तेरे पास रहे

1

उम्र की दास्तान लम्बी है
चैन कम है, थकान लम्बी है

हौसले देखिए परिन्दों के
पर कटे हैं, उड़ान लम्बी है

पैर फिसले, ख़ताएँ याद आईं
कैसे ठहरें, ढलान लम्बी है

ज़िन्दगी की ज़रूरतें समझो
वक़्त कम है, दुकान लम्बी है

झूठ, सच, जीत, हार की बातें
छोड़िए, दास्तान लम्बी है

2

दूर से ही क़रीब लगते हैं
उनसे रिश्ते अजीब लगते हैं

उनकी आराइशों[1] से क्या लेना
उनके गेसू[2] सलीब[3] लगते हैं

जो हुकूमत से लड़ते रहते हैं
वो बड़े बदनसीब लगते हैं

नेक नीयत नहीं दुआओं में
लोग दिल से ग़रीब लगते हैं

'विप्लवी' सोने की क़लम वाले
आज आला अदीब[4] लगते हैं

---

1. सजावट 2. बाल 3. क्रास जिस पर ईसा मसीह को फाँसी पर लटकाया गया था 4. साहित्यकार

3

इबादतख़ाने[1] ढाए जा रहे हैं
सिनेमाघर बनाए जा रहे हैं

फिरें आज़ाद क़ातिल, और पहरे,
शरीफ़ों पर बिठाए जा रहे हैं

क़लम करना था जिनका सर ज़रूरी
उन्हीं को सर झुकाए जा रहे हैं

सुयोधन मुन्सिफ़ी के भेष में हैं
युधिष्ठिर आज़माए जा रहे हैं

लड़े थे 'विप्लवी' जिनके लिए हम
उन्हीं से मात खाए जा रहे हैं

1. पूजाघर

4

आँख का फ़ैसला, दिल की तज्वीज़ है
इश्क़ गफ़लत[1] भरी एक हसीं चीज़ है

आँख खुलते ही हाथों से जाती रही
ख़्वाब में खो गई कौन सी चीज़ है

मैं कहाँ आसमाँ की तरफ़ देखता
मेरे सजदों को जब तेरी दहलीज़ है

दिल दुखाकर रुलाते हैं, आते नहीं
क्या ये अपना बनाने की तज्वीज़[2] है

हो न पाएगी जन्नत ज़मीं से हसीं
'विप्लवी' ज़िन्दगी ही बड़ी चीज़ है

1. भ्रम 2. प्रस्ताव

5

तू हज़ारों ख़्वाहिशों में बँट गयी
ज़िन्दगी! क़ीमत ही तेरी घट गयी

सुबह की उम्मीद यूँ रौशन रही
इस भरोसे रात काली कट गयी

पहले मुझसे तुम कि मैं तुमसे मिला
ये बताओ किसकी इज़्ज़त घट गयी

तिश्नगी[1] सहराओं सी बढ़ती गयी
जुस्तजू[2] में उम्र सारी कट गयी

'विप्लवी' इस हिज्र के क्या वहम थे
हो गया दीदार, कड़वाहट गयी

---

1. प्यास 2. तलाश

6

उसका अहदे-वफ़ा[1] मज़हका[2] सा लगे
जितनी खाए क़सम उतना झूठा लगे

इस ज़माने में सच ऐसा ज़िन्दा लगे
आँधियों से दीया कोई लड़ता लगे

यक-ब-यक वज़्म[3] में रौशनी हो गयी
फिर हवा से नक़ाब उनका उल्टा लगे

कोई अब तक न पढ़ पाया उसका लिखा
हर्फ़े-तक़दीर[4] पानी पे लिक्खा लगे

बस उसी दोस्त से मात होगी, कि जो—
दुश्मनी भी करे और अपना लगे

'विप्लवी' आप जिसके भरोसे पे हैं
झूठ के हाथ वो भी बिका सा लगे

---

1. वफा का वायदा 2. मज़ाक़ 3. महफिल 4. भाग्य के अक्षर

7

पतंगों की उड़ानों को यहीं पर मात होती है
कटी डोरी तो आवारा हवा भी साथ होती है

इबादत के लिए मैख़ाने में आने लगे ज़ाहिद[1]
सुना जब से कि मैकश[2] की ख़ुदा से बात होती है

उसे अच्छी नहीं लगती है दौलत और शोहरत भी
कि जिसके पास सच्चे प्यार की सौग़ात होती है

हवेली में रहे, कच्चे मकानों को नहीं देखा
उन्हें क्या ज्ञान, कैसी धूप और बरसात होती है

जो प्यासा ही नहीं उसको पता क्या मोल पानी का
ये ग़म भी ज़िन्दगी की क़ीमती सौग़ात होती है

ये पहचाने हुए अश्जार[3] भी आसेब[4] लगते हैं
कभी जब 'विप्लवी' राहे-सफ़र में रात होती है

---

1. पुजारी 2. शराबी 3. पेड़ 4. भूत-प्रेत

8

मुझे वह इस तरह से तोलता है
मिरी क़ीमत घटाकर बोलता है

वो जब भी बोलता है झूठ मुझसे
तो पूरा दम लगाकर बोलता है

मैं अपनी ही नज़र से बच रहा हूँ
न जाने कौन ऐसे खोलता है

ज़ुबाँ काटी, तआर्रुफ़[1] यूँ कराया
'यही है जो बड़ा मुँह बोलता है'

मुझे तो ज़हर भी अमरित लगे है
वो कानों में अजब रस घोलता है

1. परिचय

9

जहाँ शीशे तराशे जा रहे हैं
वहीं पत्थर तलाशे जा रहे हैं

कुआँ खोदा गया था जिनकी ख़ातिर
वही प्यासे के प्यासे जा रहे हैं

कहाँ सीखेंगे बच्चे ज़िद पकड़ना
सभी मेले तमाशे जा रहे हैं

जिन्हें महफ़िल में ढूँढ़ा जाएगा फिर
वही मेरी बला से जा रहे हैं

10

ख़ामुशी से बयान देते हैं
दर्द को इक ज़ुबान देते हैं

जब मुअज़्ज़िन[1] अज़ान देते हैं
नेक बन्दे ही ध्यान देते हैं

देख लेना कभी न आएगा
आप ये किसपे जान देते हैं

ये सहूलत के साज़ो-सामाँ ही
बेज़ुबाँ सी थकान देते हैं

---

1. अज़ान देने वाला

11

थक गई है नज़र फिर भी उम्मीद है
उनका आना टला, टल गई ईद है

सोचता ही रहा तुम तो ऐसे न थे
कहके आते नहीं, किसकी ताक़ीद[1] है

ख़त पढ़ूँ, ख़्वाब देखूँ कि ज़िन्दा रहूँ
वो न आँखें, न वह ताक़ते-दीद[2] है

1. निर्देश 2. देखने की शक्ति

12

ये कौन हवाओं में ज़हर घोल रहा है
सब जानते हैं, कोई नहीं बोल रहा है

बाज़ार की शर्तों पे ही ले जाएगा शायद
वो आँखों ही आँखों में मुझे तोल रहा है

मर्दों की नज़र में तो वो कलयुग हो कि सतयुग
औरत के हसीं जिस्म का भूगोल रहा है

तू ही न समझ पाये, कमी तेरी है वरना
दरवेश की सूरत में ख़ुदा बोल रहा है

जो ख़ुद को बचा ले गया दुनिया की हवस से
इस दौर में वह शख़्स ही अनमोल रहा है

13

भोले बचपन की, लड़कपन की निशानी ले गया
वक़्त मुझसे चन्दामामा की कहानी ले गया

पढ़ने वालों ने पढ़ी मेरी जफ़ा[1], उसकी वफ़ा
आँसुओं में लिखके वो ऐसी कहानी ले गया

तू हया से, शर्म से मिलता था, अब ये क्या हुआ
कौन प्यासा तेरी इन आँखों का पानी ले गया

ज़िन्दगी में ख़्वाहिशों के वो भँवर पैदा हुए
आदमी इक बहते दरिया की रवानी ले गया

'विप्लवी' ये कौन था जो मुफ़लिसी[2] के भेष में
सारा बचपन, सब खिलौने और जवानी ले गया

1. अत्याचार 2. ग़रीबी

14

ज़रूरत के मुताबिक़ चेहरे लेकर साथ चलता है
मिरा दमसाज़[1] ये देखें मुझे कैसे बदलता है

कहीं हो एक-दो तो हम बुझाने की भी सोचेंगे
यहाँ हर गाम पे शोले हैं, सारा मुल्क़ जलता है

इसे अब खेल गुड्डे-गुड़िया का अच्छा नहीं लगता
फ़क़त बारूद और बन्दूक़ से बच्चा बहलता है

हमारी टूटी छत पर धूप भी बरसा गयीं पानी
ये मौसम 'विप्लवी' के साथ कैसी चाल चलता है

---

1. मित्र

15

शहर सन्नाटा हुआ है, क्या करें
घर को ही ख़तरा हुआ है, क्या करें

वक़्त ही बदला हुआ है, क्या करें
जंगली पहरा हुआ है, क्या करें

रहज़नी की साज़िशें, हर सम्त हैं
कारवाँ ठहरा हुआ है, क्या करें

हँसने में भी लोग संजीदा[1] लगें
चेहरा भी उतरा हुआ है, क्या करें

बुलबुलों पर है नज़र सय्याद की
आशियाँ बिखरा हुआ है, क्या करें

दर्द आँखों में छलक कर आ गया
घाव अब गहरा हुआ है, क्या करें

'विप्लवी' देगा न कोई साथ अब
ये तो अंदाज़ा हुआ है, क्या करें

---

1. गम्भीर

16

बढ़ते ही गए राह पे मुड़कर नहीं देखा
दुनिया की नज़र से कोई मंज़र नहीं देखा

बाहर ही नज़र थी कभी भीतर नहीं देखा
हमने ही कभी आपको पढ़कर नहीं देखा

ईसार से जीती मोहब्बत की रवायत
तुमने कभी परवाने सा जलकर नहीं देखा

सर मैं भी बचा लेता पर अंदेशा कहाँ था
पूजा में तो चलते हुये पत्थर नहीं देखा

यूँ राह की दुश्वारियों से ख़ौफ़ज़दा था
दो गाम[1] मिरे साथ भी चलकर नहीं देखा

ऊँचे ही को देखोगे तो दुःख और बढ़ेगा
मैंने कभी औक़ात के ऊपर नहीं देखा

ग़मख़ोर[2] 'विप्लवी' के बराबर जो नहीं था
फिर उसके भी क़द का तो सितमगर नहीं देखा

---

1. क़दम 2. दुःख सहने वाला

17

ज़हेज़ों के लिए जब लौटकर बारात जाती है
तो सारे शहर में इक बाप की औक़ात जाती है

फ़िदा होता है जिस पे आदमी क़ुर्बान होता है
कहाँ दौलत, ये हरजाई किसी के साथ जाती है

करूँ तेरे हवाले ख़ुद को तेरा दर नहीं छोड़ूँ
जो तेरी ख़ाके-पा[1] हो उसकी कब औक़ात जाती है

अगर देना है कुछ मुझको तो बस सच्चाइयाँ दे दे
तेरे दर से तो दुनिया को बड़ी ख़ैरात जाती है

यहाँ ख़ूबी-ख़राबी की कसौटी कुछ अलग ही है
यहाँ तो आदमी से पहले उसकी 'ज़ात' जाती है

परस्तिश[2] करने वालो तुम मुझे इन्साँ ही रहने दो
ख़ुदा बनने में मेरी बन्दगी की बात जाती है

यह दुनिया खेल ग़म का है, ख़ुशी तो 'विप्लवी' अक्सर
किसी का हाथ छोड़े है, किसी के साथ जाती है

---

1. पाँव की धूल 2. अर्चना

18

ज़िन्दगी जंग है मिलके सर कीजिए
प्यार को प्यार से हमसफ़र कीजिए

अपनी तन्हाई को नज़्र कीजिए मुझे
सारे कुनबे को इसकी ख़बर कीजिए

ज़िन्दगी दर्दे-तन्हा का लम्बा सफ़र
एक-दो रोज़ हो तो बसर कीजिए

उम्र यूँ तो किराए पे कट जाएगी
हो सके तो किसी दिल में घर कीजिए

बाजुओं को मिली है जो ताक़त तो फिर
हाथ की इन लकीरों को सर कीजिए

'विप्लवी' अपने ही घर में हैं अजनबी
किससे कीजिए यह शिकवा, अगर कीजिए

19

दिल की दुनिया का सुकूँ बेचैनियाँ ले जाएँगी
ख़्वाहिशें इंसान का नामो-निशाँ ले जाएँगी

ख़ुद चमन बिखरा है जब बरबादियाँ ले जाएँगी
शाख हो कमज़ोर तो हाँ आँधियाँ ले जाएँगी

क्या मिलेगा इक दिले-मज़बूर को तड़पाने से
आशियाँ को फूँककर क्या बिजलियाँ ले जाएँगी

सोहबतें ही हल करेंगी हर तरह के मसअले
दौरे-हाज़िर को तो यह बेमेह्रियाँ[1] ले जाएँगी

कोई गुलचीं[2] साथ ले जाएगा या फिर देखना
सोहबत-ए-गुल[3] का मज़ा ये तितलियाँ ले जाएँगी

ज़िन्दगी कोल्हू में रखकर पेरता है इक ग़रीब
वरना घर से बाप के क्या बेटियाँ ले जाएँगी

हाथ रख पतवार पे मस्तूल[4] पे रखना नज़र
'विप्लवी' वरना भँवर में कश्तियाँ ले जाएँगी

---

1. कठोरतायें 2. माली 3. फूल का साथ 4. पाल

20

दिया हूँ मैं, मुझे सूरज़ का हमसफ़र कर दे
हवा का जो भी इरादा हो, बेअसर कर दे

ख़ुशी है सच की कहीं गुम कि जैसे दफ़्तर में
कोई ग़रीब की फाइल इधर-उधर कर दे

यहाँ किनारों से वादा तो हो नहीं सकता
न जाने कश्ती कोई मौज कब किधर कर दे

ग़लत तरीक़ों से दौलत की आरज़ू जो करूँ
ख़ुदाया, ऐसी दुआओं को बेअसर कर दे

मैं जिसको देखूँ उसे एतबार मिल जाए
मिरी निगाह को इतना तो मोतबर कर दे

हवा से मिलके बहकती है यूँ दिये क़ी लौ
जला के 'विप्लवी' कब शह्र को खँडहर कर दे

21

अगर तस्कीन[1] हो जाए तो हैरानी नहीं जाती
किसी को ग़म सुनाने से परीशानी नहीं जाती

अदाकारी[2] जिन्हें आती नहीं वे मात खाते हैं
फ़क़त[3] सच होने से ही बात सच मानी नहीं जाती

ये मुन्सिफ़ अपनी आँखों पर अजब चश्मा लगाता है
बिना दौलत कोई सूरत भी पहचानी नहीं जाती

गया था छोड़कर मुझको अँधेरी राह में, लेकिन
तख़य्युल[4] से तिरी सूरत वो नूरानी नहीं जाती

करम छोटों पे फ़रमाने से इज़्ज़त घट नहीं सकती
ख़ुदा की यह इबादत सबसे पहचानी नहीं जाती

जुदाई में ख़िज़ाँ[5] का वह समाँ नज़रों पे छाया है
बहारें आती हैं, आँखों की वीरानी नहीं जाती

मोहब्बत 'विप्लवी' अब एक घर बैठे का जज़्बा है
किसी से भी कहीं की ख़ाक तक छानी नहीं जाती

1. सान्त्वना 2. नाटकीयता 3. केवल 4. विचारों से 5. पतझड़

22

आज मौसम सुहाना ज़हर हो गया
किसके क़ाबू में सारा शहर हो गया

धूप-बारिश में भी साथ देता नहीं
कैसा बेगाना अपना ही घर हो गया

गिनती इन्सान की घटती जाए है रोज़
आदमी शौक़ से जानवर हो गया

रहज़नों से मिरी दोस्ती क्या बढ़ी
कैसा महफ़ूज़[1] मुश्किल सफ़र हो गया

कैसे इन्साफ़ मिल पाए मज़लूम[2] को
आज मुंसिफ़ को क़ातिल का डर हो गया

सूख पाए कभी ये तो मुमकिन नहीं
उसके अश्कों से दामन जो तर हो गया

'विप्लवी' एक हुकूमत की जड़ हिल गयी
कैसे चुप्पी का इतना असर हो गया

---

1. सुरक्षित 2. जिस पर अत्याचार हुआ हो

23

दरपन देखके डरने वाला
बुज़दिल ही था मरने वाला

प्यार की बातें अब बेमानी
इनसे कौन सुधरने वाला

जीते हैं हम इसी भरोसे
शायद मिले बिछड़ने वाला

आज ही सारी बातें कर लें
कल है कौन ठहरने वाला

सच के पाँवों में बेड़ी है
झूठ कहाँ अब डरने वाला

उड़ने को ललकार रहा है
देखो पंख कतरने वाला

सच्चाई के हाथ कटे हैं
किसको आज अखरने वाला

कर देगा नीलाम 'विप्लवी'
झूठी हामी भरने वाला

24

मैं अगर सच से किनारा करता
वह मुझे आँख का तारा करता

मैं भी दुनिया की तरह हो जाता
मुझको थोड़ा सा इशारा करता

मैं नज़र भी तो नहीं था जो कोई
मुझको उसपर से उतारा करता

दिन में ना-आश्ना[1] बना फिरता
रात चकवे सा पुकारा करता

मेरे भीतर ही था मेरा दुश्मन
कैसे बेख़ौफ़ गुज़ारा करता

वो नहीं मिलता ख़ुदा की मानिन्द
मैं किसी को तो पुकारा करता

ग़म जो बर्दाश्त से बाहर होता
मौज-ए-गर्दिश[2] को पुकारा करता

1. अपरिचित 2. विनाश की लहर

25

जहाँ तक ज़िन्दगी का वास्ता बहकाएगा हमको
वहीं तक तीरगी[1] का रास्ता ले जाएगा हमको

हमारे सर झुकाते ही निकल पड़ती हैं शमशीरें[2]
कहाँ इस बन्दगी का रास्ता ले जाएगा हमको

ललक कम है तो क्या हक़ भी मिरा छिन जाएगा मुझसे
कहाँ इस सादगी का रास्ता ले जाएगा हमको

अधिक कुछ और मिल जाए, अधिक कुछ और जुड़ जाए
कहाँ यह तिश्नगी[3] का रास्ता ले जाएगा हमको

किसे पूजें, किसे छोड़ें, किसे जोड़ें, किसे तोड़ें
कहाँ बेचारगी का रास्ता ले जाएगा हमको

यहाँ हर गाम[4] पर तल्ख़ी, फ़िज़ा[5] में बद्‌गुमानी है
कहाँ दीवानगी का रास्ता ले जाएगा हमको

यहाँ शोलों से सीता को परखने की रवायत है
कहाँ पाकीज़गी[6] का रास्ता ले जाएगा हमको

दिनों-दिन 'विप्लवी' रंज़ो-अलम[7] क्यों बढ़ता जाता है
कहाँ अगली सदी का रास्ता ले जाएगा हमको

---

1. अँधेरा 2. तलवारें 3. प्यास 4. क़दम 5. हवा 6. पवित्रता 7. दुःख और क्लेश

26

है हुकूमत कहाँ, आसरा कौन दे
मुजरिमों को यहाँ पर सज़ा कौन दे

ख़ुदपस्तों के हाथों में है इन्क़लाब
घुट रहा आग का दम हवा कौन दे

रौशनी जब अँधेरों से पर्दा करे
तेल-बाती दियों को बता कौन दे

तेल ईमान का, सच की बाती जहाँ
आँख के इन दियों को बुझा कौन दे

जो है मुजरिम वही सद्रे-महफ़िल[1] भी है
बीच महफ़िल से उसको उठा कौन दे

देखकर ज़ुल्म भीगीं न भड़कीं कभी
आँखें पत्थर हुईं, यह बता कौन दे

अपने घर को जलाकर चराग़ाँ करे
ऐसे नादान को मशविरा कौन दे

'विप्लवी' दुश्मनों से भी झुककर मिलो
आख़िरी वक़्त जाने विदा कौन दे

---

1. सभा अध्यक्ष

27

क़र्ज़ में जन्मा उसी में मर गया
जो बचा औलाद को देकर गया

झूठ को सच से हराता रह गया
फिर वसीयत में वही लिखकर गया

सच की जिसने की तरफ़दारी मियाँ
बस, समझ लो जुर्म उसके सर गया

रात का इतिहास बदलेगा ज़रूर
कौन कहता है कि सूरज मर गया

चाहतें हैं और अना[1] मिलने न दे
रस्सियों का बल कहाँ जलकर गया

तंज़ करते हैं दिये इस बात पर
रात आयी और सूरज डर गया

ज़िन्दगी को मौत तो आनी ही है
कौन मक़तल[2] तक मगर हँसकर गया

ज़िन्दगी भर ख़ाके-पा[3] था 'विप्लवी'
क़ब्र तक लेकिन वो काँधों पर गया

---

1. अहंकार 2. बध-स्थल 3. पाँव की धूल

28

साज़िशें जो तमाम लिखते हैं
हम उन्हें एहतिराम[1] लिखते हैं

ख़त में वे राम-राम लिखते हैं
हाशिए पर सलाम लिखते हैं

बेज़ुबाँ करके छोड़ देंगे हमें
बा'ज़[2] ऐसा कलाम लिखते हैं

घर को जाते हुए परिन्दे तो
आसमानों पे शाम लिखते हैं

काट ले जाएँगे रक़ीब मियाँ!
हाथ पर किसका नाम लिखते हैं

क्या शराबों पे राय लें उनकी
जो पियें और हराम लिखते हैं

सल्तनत लूट ली 'बली' की सब
और ज़मीं तीन गाम[3] लिखते हैं

'विप्लवी' को पयाम देते हैं
ख़त रक़ीबों के नाम लिखते हैं

---

1. स्वागत 2. बहुधा 3. क़दम

29

चेहरे नक़ली हैं नज़र के अब न धोखे खाइए
दिल को पढ़ने की कोई तदवीर करनी चाहिए

आँधियों की दुश्मनी देखी दरख़्तों ने बहुत
रोकना है ज़ब्र[1] तो लोहे की हिम्मत चाहिए

जूठनों पर कुक्कुरों सा आदमी का जूझना
आज भी सच है, सितारों पर भले चढ़ जाइए

अब सुना है जंगलों में शेर का है ख़ौफ़ कम
गाँव में लेकिन बिना बन्दूक़ के मत जाइए

अब तो त्योहारों के दिन तय हैं फ़सादों के लिए
ईदो-होली मिलने को ज़ौक़े-शहादत[2] चाहिए

हैं परी-पैकर[3] तो हों, जन्नत के वासी तो नहीं
यूँ न उड़िए, आसमानों से उतर भी आइए

आपकी जड़ और हद दो गज़ ज़मीं हैं 'विप्लवी'
आसमाँ पे चढ़के बेजा आप मत इतराइए

---

1. अत्याचार 2. बलिदान होने का शौक़ 3. परी की आकृति का

30

शाखों पर फूलों-पत्तों ने ये जो रंग सजाए हैं
इनको क्या मालूम शजर[1] ने कितने पत्थर खाए हैं

तू इसके सैलाब में पड़कर तिनके सा बह जाएगा
हमने तेरे प्यार की ख़ातिर इतने दर्द दबाए हैं

साथी-बच्चों जैसे कपड़े और खिलौने माँग रहा
उसको क्या मालूम पिता पर कितने क़र्ज़ बकाए हैं

झुका दिया सर जिसने अपना, वही कटाकर सर लौटा
जिनको हमने ख़ुदा कहा वे सब तलवार उठाए हैं

दौरे-तरक़्क़ी[2] में इंसाँ सोचे-समझे ये वक़्त कहाँ
शीशे के घर वाले देखो पत्थर से टकराए हैं

पत्थर कहकर तुमने अपना सर काँधे से हटा लिया
सोचो मैंने इन काँधों पर कितने बोझ उठाए हैं

हाड़ कँपाने वाला मौसम जाने कब हलक़ान करे
बुझे दिलों से शोलों की उम्मीद लिए हम आए हैं

देख 'विप्लवी' लोग आज के किस हद तक सरगश्ता[3] हैं
शोलों पर ख़ुद बैठे हैं और जलने से घबराए हैं

---

1. वृक्ष 2. प्रगति के समय में 3. भटके हुए

31

आशियाने को सजाने की ही बात आयी है
ग़ैर को अपना बनाने की ही बात आयी है

छेड़कर दर्दे-जुदाई, व जफ़ा[1] की बातें
रूठने और मनाने की ही बात आयी है

रूह गैरों की तरफ़, जिस्म है मेरी ज़ानिब
लाश से साथ निभाने की ही बात आयी है

इश्क़ टपके है निगाहों से कि मै पियाले से
आज लब-रेज़[2] पिलाने की ही बात आयी है

ज़ीस्त[3] पर ज़ोर नहीं मौत पे क़ाबू भी नहीं
दस्ते-रुख़सत[4] सा उठाने की ही बात आयी है

सोहबते-ए-यार[5] से सँवरे है मुहब्बतें मेरी
दीप से दीप जलाने की ही बात आयी है

ये मुलाक़ात के वादे तो न होंगे पूरे
अब तो बस जान से जाने की ही बात आयी है

'विप्लवी' ज़ौक़े-मुहब्बत को बढ़ाने के लिए
ख़ुद को हर लम्हा गँवाने की बात आयी है

---

1. अत्याचार 2. आकंठ 3. ज़िन्दगी 4. विदाई के हाथ 5. मित्र की संगति

32

बिगड़ा हुआ माहौल बना क्यों नहीं देते!
ये हाथ उठे हैं तो दुआ क्यों नहीं देते

कब से है मेरा हाथ ये हाथों में तुम्हारे
तुम बिगड़ी लकीरों को बना क्यों नहीं देते

'छिपता ही नहीं प्यार', किसी ने ये कहा है
फिर खुद ही ज़माने को बता क्यों नहीं देते

चर्चे हैं मोहब्बत के ज़माने में हमारे
इसको कोई अंजाम नया क्यों नहीं देते

इस ज़ुल्फ़ के फैलाव में है सारा ज़माना
मुझको भी उमर-क़ैद सुना क्यों नहीं देते

क़ब्रों पे चादरें तो चढ़ाने का है चलन
फिर जागती लाशों को रिदा[1] क्यों नहीं देते

'दर मेरा कहीं छोड़के जाओगे नहीं तुम
ये बात रक़ीबों को बता क्यों नहीं देते'

फरहाद को शीरी से अलग करने पे ख़ुश हो
साहिल[2] से सफ़ीने[3] को मिला क्यों नहीं देते

1. चादर 2. किनारा 3. नाव

जो नाख़ुदा[1] तूफ़ाँ से मुसाफ़िर को डराए
लोगो! उसे रस्ते से हटा क्यों नहीं देते

ऐ दोस्तो इस दौर का रखना है भरम तो
इंसान को तहज़ीब सिखा क्यों नहीं देते

1. नाविक

33

आज का इश्क़ तो इक अदा सा लगे
झूठ ज़ाहिर लगे, सच छुपा सा लगे

आज की कामयाबी उसी की लगे
आदमी भी न हो और ख़ुदा सा लगे

क्यूँ बुझाता रहा वो हमारे चराग़
ये मुक़द्दर भी बिगड़ी हवा सा लगे

जिस्म को पाँव पर, जीस्त[1] उम्मीद पर
ढो रहे हैं, कोई सानिहा[2] सा लगे

हम बुरों में रहे और ऐसे रहे
काई से जैसे पानी जुदा सा लगे

इश्क़ में यार की सम्त देखो अगर
सूखी नद्दी में पानी भरा सा लगे

वह ख़फ़ा हो तो चेहरे से टपके जमाल[3]
उसका गुस्सा भी मुझको भला सा लगे

हद से आगे अना और गुमाँ ले गए
जिस्म मिल भी गए और ख़ला[4] सा लगे

इश्क़ मदहोश करता है कुछ इस तरह
ज़िन्दगी में बुरा भी भला सा लगे

आलमे-हिज्र[5] की अपनी रफ़्तार है
'विप्लवी' फिर सफ़र क्यूँ रुका सा लगे

---

1. जीवन 2. दुर्घटना 3. सौन्दर्य 4. रिक्त 5. विरह दशा

34

दिल से जाना है तो फिर दिल को जलाता क्यूँ है
शौक़ से बदले मकाँ, तोड़ के जाता क्यूँ है

ग़म के सैलाब को होठों में दबाता क्यूँ है
आँख के दर[1] जो खुले हैं, तो छुपाता क्यूँ है

मुझको अफ़साना बनाकर वो सुनाता क्यूँ है
रिश्तों को ख़ाक बनाकर वो उड़ाता क्यूँ है

जो समन्दर के किनारे है वही प्यासा है
आसमानों से कोई दिल ही लगाता क्यूँ है

जो इबादत के बहाने से चुरा ले विश्वास
ऐसे काफ़िर[2] को भला दिल में बुलाता क्यूँ है

तुझमें हिम्मत है तो आ रौशनी ले जा मेरी
तू हवाओं से चराग़ों को डराता क्यूँ है

मैं भरोसा नहीं करता किसी ग़मख़्वारी[3] पर
तू भी साए की तरह फ़र्ज़ निभाता क्यूँ है

जाने किस सम्त[4] से तेरी तरफ़ आएँ पत्थर
घर की दीवारों को शीशों से सजाता क्यूँ है

---

1. द्वार 2. नास्तिक 3. दुःख में साथ देना 4. दिशा

जो मुक़ाबिल हैं हवाओं से लड़ाई के लिए
उन चराग़ों को हथेली से छुपाता क्यूँ है

आईना तोड़ने वाले से कोई ये पूछे
आबगीनों[1] का सफ़र सहल बनाता क्यूँ है

कल तलक ग़ैर थे पलकों पे तो आज आँसू हैं
ये भी कर देंगे पशेमान[2], गिराता क्यूँ है

वो मिरे पास न आए तो बुरा कुछ न लगे
सामने आया, तो मुँह फेर के जाता क्यूँ है

हमने दामन में ख़ुशी ढेरों बटोरी लेकिन
आँख खुल जाए, तो कुछ हाथ न आता क्यूँ है

बोल दूँ तो वो पशेमाँ हों, न बोलूँ तो मैं
'विप्लवी' ऐसे पशो-पेश[3] में आता क्यूँ है

---

1. शीशे की बोतल 2. अपमानित 3. दुविधा

35

मुश्किलों से जो ख़ौफ़ खाएँगे
वे मिरा साथ क्या निभाएँगे

सच कहोगे, सज़ा सुनाएँगे
लोग ऐसे भी आज़माएँगे

जो भटकते रहे तमाम हयात
वे मुझे राह क्या दिखाएँगे

जिनकी दो रोटी की कमाई है
क्या वे खाएँगे क्या बचाएँगे

पैरहन[1] ही नहीं नसीब जिन्हें
क्या नहाएँगे क्या सुखाएँगे

जिनकी तक़दीर में मकान नहीं
वे सड़क कैसे छोड़ जाएँगे

याद रखना ये साथ छूटा तो
दोस्त भी उँगलियाँ उठाएँगे

सोचिए जब ये शाख टूटेगी
फिर कहाँ आशियाँ बनाएँगे

---

1. पहनावा

नाज़नीनों[1] को दिल दिया तो बस
उँगलियों पर तुम्हें नचाएँगे

सच के रस्ते हैं ख़ार के रस्ते
दोस्त भी साथ छोड़ जाएँगे

जुगुनुओं को निगाह में रखना
शम्मा कल की ये ही जलाएँगे

---

1. सुन्दरियों

36

इस तरह सच की क़ीमत चुकानी पड़ी
मौत जीनी पड़ी, भूख खानी पड़ी

घास की रोटियों के भी लाले पड़े
आबरू यूँ वतन की बचानी पड़ी

सूई की नोक भर भी न देने को थे
सल्तनत उनको सारी गँवानी पड़ी

मेरे चारों तरफ़ बस उजाला रहे
बारहा[1] दिल की बाती जलानी पड़ी

चाँद अंधे कुएँ से निकलना जो था
इसलिए सिल पे गहरी निशानी पड़ी

आँधियों से लड़ाई में शब कट गयी
इस तरह भी दीवाली मनानी पड़ी

बुझ गया तो अँधेरा जला तो धुआँ
मात आख़िर दिये ही को खानी पड़ी

वो सुनाकर पशेमाँ[2] हमें कर गया
अब गले अपने वो ही कहानी पड़ी

पेट की भूख ने जब तक़ाज़ा[3] किया
सारी अस्मत[4] की पूँजी गँवानी पड़ी

हट न पाया उसूलों से मैं 'विप्लवी'
चाहे जितनी मुसीबत उठानी पड़ी

1. अक्सर 2. लज्जित 3. माँग करना 4. इज़्ज़त

37

वो नज़र प्यार में भीगती रह गयी
दिल पे कोई गिरह सी लगी रह गयी

वह मुझे इस तरह देखती रह गयी
दिल में कोई कटारी चुभी रह गयी

सुबह-दम बेवफ़ा याद आने लगे
हिज्र[1] में भी महक सन्दली रह गयी

वादा करके भी वह साथ आया नहीं
साथ चलती हुई बेवसी रह गयी

पोंछकर अश्क जब वे मुख़ातिब हुए
बारिशें थम गयी थीं, नमी रह गयी

तेरी यादों की मय खुद ही पीते रहे
साक़िया! सिर्फ़ तेरी कमी रह गयी

वो गया, आँख की रौशनी ले गया
दिल में मूरत वही गन्दुमी रह गयी

रौशनी हो गयी, धूप चढ़ भी गयी
आपकी आँख क्यूँ शबनमी रह गयी

---

1. विरह

काम आया किसी की भलाई में तो
मौला पीछे मेरी बन्दगी रह गयी

क़त्ल करके मुझे दफ़्न कर भी गए
दोस्तों में तुम्हारी कमी रह गयी

जिनके नामों से खोदे गए थे कुएँ
उनके होठों पे फिर तिश्नगी रह गयी

जिसने जुरअत हरिश्चन्द बनने की की
उससे नाराज़ सी ज़िन्दगी रह गयी

साजो-सामान देकर मनाते रहे
दूर से तंज़[1] करती ख़ुशी रह गयी

जिनको सींचा वे बढ़कर शजर[2] हो गए
दो किनारों में सिमटी नदी रह गयी

उम्र सब दूसरों के लिए काट दी
याद अपनी कहाँ 'विप्लवी' रह गयी

---

1. व्यंग्य 2. पेड़

38

जाने क्या जंग के नाम पर ले गया
मेरा लहजा कहाँ मेरा सर ले गया

ताकि उसके सिवा कुछ दिखाई न दे
मुझसे मेरा वह ज़ौक़े नज़र ले गया

झूठ हारेगा, जीतेगा सच एक दिन
ये भरोसा मुझे दर-ब-दर ले गया

जब भी मुझसे मिला मेघ की छाँव सा
मेरे सर से मेरी दोपहर ले गया

शाह के 'ताज' का कोई सानी न हो
यह गुमाँ काट दस्ते-हुनर[1] ले गया

इन अँधेरे के मारों को मालूम क्या
कौन था, इनके शम्सो-क़मर[2] ले गया

घर का छप्पर मेरी हैसियत कह गया
झूठी शाने-नुमाइश[3] का घर ले गया

जीत जाएगा, अब तो मुक़ाबिल मेरा
सारी हिम्मत तो ख़ौफ़े सफ़र ले गया

---

1. हस्तकला 2. सूरज-चाँद 3. प्रदर्शन का गौरव

तुम रक़ीबों से दूरी न रख पाए तो
मैं भी तन्हाई को अपने घर ले गया

दे रक़ीबों को बोसे[1] मेरे सामने
मुझको ये क्या दिखाने को घर ले गया

उसके हाथों में तीरो-कमाँ ही रहे
जो भी आया वो ज़ख़्मे-ज़िगर ले गया

ऐ ख़ुदा! मैं तेरा ध्यान कैसे करूँ
मुझसे मेरे वह शामो-सहर[2] ले गया

भीड़ में एक भी आदमी तो मिले
ऐ ज़माने! उसे तू किधर ले गया

इक दिया दैर[3] का, इक अज़ाँने-हरम[4]
'विप्लवी' सारा दर्दे-सफ़र ले गया

1. चुम्बन 2. सायं व प्रातः 3. मन्दिर 4. मस्ज़िद की अज़ान

39

रास आते नहीं हैं उजाले उन्हें
मत करो चाँदनी के हवाले उन्हें

दूध से ज़हर साँपों का होगा न कम
आस्तीनों में, कह दो, न पाले उन्हें

आसमानों से नीचे उतरते नहीं
चाहे पलकों पे कोई बिठा ले उन्हें

जिनके हिस्से का सूरज गहन में फँसा
कौन तारीकियों[1] से निकाले उन्हें

जिन दियों में अभी रौशनी है बहुत
मत करो आँधियों के हवाले उन्हें

हाशिए पर खड़े मुन्तज़िर[2] लोग हैं
अपने ही घर के हैं, घर बुला ले उन्हें

आना जाना है उनका रक़ीबों के घर
राज़दाँ कोई कैसे बना ले उन्हें

बेहया रिन्द साक़ी से कहने लगे
चाहिए आज लब के पियाले उन्हें

तुलसी-दल, गंगा-जल भेंट हैं आख़िरी
होश है तो लबों पे सजा ले उन्हें

'विप्लवी' वे हैं माहिर हर इक खेल में
कोई मासूम कैसे सँभाले उन्हें

1. अँधेरों 2. प्रतीक्षारत

40

नसीब जिसको कोई आसमान होता है
मुसीबतों का उसे क्या ज्ञान होता है

वो जिसपे चढ़के कोई आसमान होता है
सभी के पास कहाँ पाएदान होता है

कर्ण की जीत का आदर यहाँ नहीं होता
यहाँ हुनर से बड़ा ख़ानदान होता है

मिलन की हो कि जुदाई की राह पर जाऊँ
उसी के पाँव का ज़िन्दा निशान होता है

उसे जो लेना हो इक बार फ़ैसला ले ले
ये कैसा रोज़ नया इम्तिहान होता है

कफ़न ही बाँधके सर से निकलना पड़ता है
यहाँ पे सच का बड़ा इम्तिहान होता है

रही नहीं कोई सूरत कि बाम[1] पर मिलते
किसी की छत पे किसी का मकान होता है

1. छत

वह अपने घर से ही बेदख़ल कर दिया जाए
परिन्दा जो भी यहाँ बेज़ुबान होता है

यहाँ पे 'विप्लवी' वे लोग पूजे जाते हैं
कि जिनके हाथ में तीरो-कमान होता है

41

चाँदनी जब भी उतरती है मिरे आँगन में
शमूआँ की फिर कहाँ चलती है मिरे आँगन में

देवताओं को अगर मुझसे शिकायत है तो क्या
इक परी रोज़ उतरती है मिरे आँगन में

तेरे आने का गुमाँ होता है, जब बादल की
कोई परछाईं गुज़रती है मिरे आँगन में

ये ख़ुदी मौज-ए-समंदर है, जो थमती ही नहीं
रोज़ चढ़ती है उतरती है मिरे आँगन में

न सुखा पाया मुहब्बत के शजर को कोई
ऐसे जज़्बात की धरती है मिरे आँगन में

बात छोटी भी मुख़ालिफ़[1] मिरी ख़ुद्दारी[2] के
कुछ ज्यादा ही अखरती है मिरे आँगन

मैं समझता हूँ हर इक जान को जब अपनी जाँ
कैसी चिड़िया है जो डरती है मिरे आँगन में

रोज़ जाने की ये आदत है तेरी मौसमी धूप
देर तक ख़ाक ठहरती है मिरे आँगन में

छोड़कर 'विप्लवी!' मिट्टी यह कहाँ जाऊँगा,
हर ख़ुशी जीती है, मरती है, मिरे आँगन में

1. विरुद्ध 2. स्वाभिमान

42

गोश्त की गठरी पे गिद्धों की है रखवाली मियाँ
यह सियासत तो न देगी हमको ख़ुशहाली मियाँ

कब यहाँ इन्सान को इन्सान समझा जाएगा
माँगता है हक़ तो लगती है उन्हें गाली मियाँ

मसअले पेचीदा होते ही गए, इस बात पर
तुमको 'गर फ़ुर्सत नहीं, तो हम कहाँ ख़ाली मियाँ

क़ातिलों, बलवाइयों की है हुकूमत सरपरस्त
रात थी पहले भी, लेकिन यूँ न थी काली मियाँ

'विप्लवी' इस देश का होने पे हमको गर्व है
ईद के घर में जहाँ मनती है दीवाली मियाँ

43

आसमाँ से अगर वे उतर आएँगे
तो ज़मीं को ज़मीं जैसा कर जाएँगे

माना दुनिया को गुमराह कर तो दिया
अपनी नज़रों से बचकर किधर जाएँगे

प्यार भजनों, अज़ानों के पैग़ाम हों
तो फ़रिश्ते ज़मीं पे उतर आएँगे

ख़ुदपरस्ती के हामी हुए जिस घड़ी
रिश्ते पुख़्ता से पुख़्ता बिखर जाएँगे

वास्ता सीता का देके कहने लगे
इम्तिहानों से रिश्ते निखर जाएँगे

भूले भटके हुओं से कोई ये कहे
रहबरों[1] से मिलेंगे तो मर जाएँगे

घर में रहने को कहता है कर्फ़्यू मगर
जो हैं फुटपाथ पर किसके घर जाएँगे

उन निगाहों के हमले मिसाइल से हैं
होश आने तलक ख़ाक कर जाएँगे

---

1. मार्ग दर्शकों

क्या पता चोर नज़रों के दरवाज़े से
लूटके जाएँ या क़त्ल कर जाएँगे

उनको देखो तो खोलो न पलकों के दर[1]
मौक़ा मिलते ही हद से गुज़र जाएँगे

'विप्लवी' ख़ुशनज़र कोई मंज़र तो हो
ख़्वाब वरना भटक कर बिखर जाएँगे

1. दरवाज़ा

44

यार सब हो गए बेवफ़ा उन दिनों
ये न पूछो कि क्या-क्या हुआ उन दिनों

वह फ़िदा होता है दिलरुबा जिन दिनों
दिल कहाँ मानता है कहा उन दिनों

मुझसे हो जाता है वह ख़फ़ा जिन दिनों
याद और आता है बेवफ़ा उन दिनों

लैला मज़नूँ के किस्सों पे मत जाइए
किससे होती नहीं है ख़ता उन दिनों

चन्द दिन हैं मिलन के, जुदाई बड़ी
किसने सोचा था यह मसअला उन दिनों

हम ही तन्हा मोहब्बत के मारे नहीं
कौन सँभला है जो भी गिरा उन दिनों

देखकर जीते थे, उसपे मरते भी थे
प्यार का इक नया था नशा उन दिनों

मैं खरा सोना था पर ठगा रह गया
उसका खोटा ही सिक्का चला उन दिनों

अपनी सच्चाइयों से यक़ीं उठ गया
भा गयी ऐसी झूठी अदा उन दिनों

जिसको देखा उसी पर फ़िदा हो गया
कैसे सच बोलता आईना उन दिनों

दिल जलाकर उजाला नहीं कर सका
'विप्लवी' क्या धुएँ में घुटा उन दिनों

45

वह गया तो अजब सिलसिला रह गया
मेरी आँखों में इक ख़्वाब सा रह गया

सुब्ह-दम तितलियों ने ये क्या कह दिया
मुँह गुलों का खुला का खुला रह गया

शबनमी[1] धूप एहसास पर छा गयी
उससे मिलके भी दिल क्यूँ बुझा रह गया

लम्हा भर को वो आकर गया, और फिर
देर तक मुझमें एक ज़लज़ला[2] रह गया

मेरे मुन्सिफ़ से वह यूँ मुक़ाबिल हुआ
होते-होते मेरा फ़ैसला रह गया

उसने जाते हुए कुछ अता[3] तो किया
उसके जाने का शिकवा गिला रह गया

सच की बेमानियाँ, झूठ कहने का डर
मुँह हमारा सिला का सिला रह गया

सुलह की दोस्ती को ज़रूरत पड़ी
दुश्मनों से बरतने को क्या रह गया

---

1. ओसकणों वाली 2. भूकम्प 3. देना

रहबरों[1] ने उजालों से की साज़िशें
तीरगी[2] में मेरा काफ़िला रह गया

जंगली भूख, दरिया सी प्यासी हवस
देर तक जाने क्या सोचता रह गया

'विप्लवी' तेज़ रफ़्तारियों के सबब
ज़िन्दगी छुट गयी फ़ासला रह गया

1. मार्गदर्शक 2. अँधेरा

46

चोर मेरे घर की मिट्टी को कहाँ ले जाएगा
हाँ, मेरी फ़ाक़ाकशी की दास्ताँ ले जाएगा

रेजा-रेजा[1] बिखरेगा ये ख़्वाब का रंगीं समाँ
कुछ ज़मीं ले जाएगी, कुछ आसमाँ ले जाएगा

जान कर भी रेत पर हम ख़्वाब लिखते रह गए
एक तूफ़ाँ आएगा नामो-निशाँ ले जाएगा

किस तरफ़ हो भीष्म? पूछा जाएगा ये भी सवाल
जान तेरी फिर शिखंडी-नातवाँ[2] ले जाएगा

राहबर[3] हो, हमसफ़र हो और सफ़र आसाँ लगे
इस दिलासे पर कहाँ तक कारवाँ ले जाएगा

सिरफिरे की ताज़पोशी करने वाले देखना
तेरे हिस्से की हवा यह हुक्मराँ ले जाएगा

रो रहा है क़ब्र पर क़ातिल मेरा कुछ इस तरह
साथ जैसे दुनिया की हम-दर्दियाँ ले जाएगा

ज़िन्दगी किस वास्ते इतनी परेशानी में है
मौत का ख़ौफ़ आएगा दर्दे-निहाँ ले जाएगा

---

1. चूर-चूर 2. अशक्त 3. मार्गदर्शक

तुम उफ़क़[1] सा मिल सको, ये आसमाँ से सीख लो
वरना पस्ती में, उड़ानों का गुमाँ ले जाएगा

दिल में रहने की इजाज़त दीजिए तो सोचकर
ये किराए का मकीं[2] एक दिन मकाँ ले जाएगा

मौत के दिन ज़िन्दगी होगा तिरा ऐसे हिसाब
जो ज़मीं से बच रहेगा आस्माँ ले जाएगा

खुद से भी इंसाफ़ करना सीख लो, ऐ 'विप्लवी'!
वरना सोने का हिरन जाने कहाँ ले जाएगा

---

1. क्षितिज 2. मकान में रहने वाला

47

सारी चीज़ें हैं ख़ुदा की, क्या चुरा ले जाएगा
और अगर ले भी गया, तो मेरा क्या ले जाएगा

ख़ार परवरदा[1] गुलों से जो निभा ले जाएगा
जो भी आएगा, इसी से मशविरा ले जाएगा

मौत का दिन है मुअय्यन[2], किस लिए शिकवे-गिले
साथ क्या आया है लेकर, साथ क्या ले जाएगा

हर क़दम पर मुश्किलें हैं हर क़दम आशुफ़्तगी[3]
सिर्फ़ मंज़िल तक तुम्हारा हौसला ले जाएगा

मेरे क़ातिल ने कटी गर्दन घुमा दी शहर में
अब मुख़ालिफ़[4] उसके किसका हौसला ले जाएगा

आसमाँ छूने को बालो-पर[5] कहाँ दरकार है
हौसला परवाज़[6] का हो, तो ख़ुदा ले जाएगा

नाचना किरचों[7] पे होगा, खेल की ये शर्त है
सबसे पहले मरने वाला ही सिला[8] ले जाएगा

लोग यह बेवक़्त सोने का तरीक़ा छोड़ दें
वरना कोई शहृर की आबो-हवा ले जाएगा

---

1. पाला हुआ 2. निश्चित 3. दुःख 4. विरोध में 5. पंख 6. उड़ान 7. शीशे के टूटे टुकड़े 8. इनाम

ख़्वाहिशों की जुस्तजू[1] ये भी करेगी एक दिन
कोई सोने का हिरन सीता चुरा ले जाएगा

जीते हैं सच बोलने वाले इसी उम्मीद में
हश्र[2] के दिन कोई आएगा, बचा ले जाएगा

हर तरफ़ कीचड़ की बारिश गाँवं से है शहूर तक
किस तरह कोई यहाँ दामन बचा ले जाएगा

खोखलापन है इबादत से सियासत तक वही
कैसे-कैसे मंज़रों से रास्ता ले जाएगा

वह ज़मीं का होके मिल जाता, तो हाँ इक बात थी
मुझको हैरत में अगर डाला, तो क्या ले जाएगा

ख़्वाब का मेहमान ऐसा राहज़न होगा कहीं
लौटकर जाएगा तो नींदें उड़ा ले जाएगा

दोस्त पर इस दरजा नाज़ा तो न हो ऐ 'विप्लवी'!
वह बुरे वक़्तों में तन की भी रिदा[3] ले जाएगा

1. खोज 2. प्रलय 3. चादर

48

उसूलों पे जो लोग चलते रहे
वही रुख़ हवा के बदलते रहे

उन्हीं से उजालों की उम्मीद है
दिये आँधियों में जो जलते रहे

बुरे वक़्त में साथ किसने दिया
अकेले-अकेले ही चलते रहे

जिन्हें मैं समझता रहा बावफ़ा
वही मौसमों से बदलते रहे

धरे हाथ पर हाथ बैठे रहे
वही उम्र भर हाथ मलते रहे

उन्हीं को मिलीं सारी ऊँचाइयाँ
जो गिरते रहे और सँभलते रहे

छुपाता रहा बाप मज़बूरियाँ
खिलौनों पर बच्चे मचलते रहे

कहाँ तक भरोसा करें लोग तो
ज़रूरत से चेहरे बदलते रहे

ज़मीं से जुड़ा तो सज़ा ये मिली
मिरे पाँव अक्सर फ़िसलते रहे

उजालों की सच्चाई धुँधला गयी
धुवाँ बनके कुछ लोग जलते रहे

वही बात करते रहे अम्न की
जो बारूद मुँह से उगलते रहे

तिरे प्यार की धूप ऐसी खिली
मिरे दिल के पत्थर पिघलते रहे

किसी को बताना ही मुमकिन न था
मिरे दिल में वे दर्द पलते रहे

कभी चाँद निकलेगा यह सोचकर
गए रात छत पे टहलते रहे

शिकायत रही है मुझी से मगर
तुम्हीं कौन वादों पर चलते रहे

49

लिफ़ाफ़े पर पता तो ठीक लिख्खा चाहिए साहब
जो अन्दर है वही बाहर भी दिखना चाहिए साहब

रक़ीबों की निगहबानी[1] में यूँ जलने से क्या हासिल
चलो बस हो गया महफ़िल से उठना चाहिए साहब

रहे मुफ़लिस के मुफ़लिस[2] बेचकर ईमान की दौलत
कम-अज़-कम अच्छे दामों में तो बिकना चाहिए साहब

यह सच है हम हैं दुश्मन, रूबरू आँधी के हैं दोनों
मगर तूफ़ाँ का रुख़ मिलकर बदलना चाहिए साहब

मेरी सजदा-गुज़ारी बेनियाज़ी की अलामत है
तू पत्थर दिल सही पत्थर भी घिसना चाहिए साहब

बना सकता नहीं तू 'ताज' मेरी क़ब्र पर लेकिन
पता तेरा तो मेरे नाम मिलना चाहिए साहब

बहारें तेरी हमजोली हैं तो उम्मीद बनती है
बहारों को तिरी आमद से आना चाहिए साहब

ख़ुदा ने ज़िन्दगी, आबो-हवा दी, मेहरबानी की
बताओ 'विप्लवी' को और अब क्या चाहिए साहब

---

1. पहरा 2. गरीब

50

चोट खाती रही, जंग करती रही
ज़िन्दगी हादसों से गुजरती रही

उम्र भर उम्र समझौते करती रही
रोज़ जीती रही, रोज़ मरती रही

शीश-महलों में रखा तो मुरझा गयी
धूल-मिट्टी में सजती, सँवरती रही

ज़ुल्म सारे सहे आह तक भी न की
ख़ामुशी दिल मिरा चाक करती रही

मैं पलक पर बिठाता जिसे रह गया
वो निगाहों से कैसे उतरती रही

आँख ही आँख में जाने क्या कह गयी
वह जो दाँतों से दामन ख़ुतरती रही

सब सहूलत के सामान तो मिल गए
जाने कैसी कमी थी अखरती रही

है अजब मसअला ज़िन्दगी का यहाँ
हम समेटा किए वह बिखरती रही

हम हवा के भरोसे उड़ानों पे थे
और वो पर हमारे क़तरती रही

51

झूठ हँसते रहे ग़म छुपाते रहे
लोग कैसे थे कैसा दिखाते रहे

झूठ से दूसरों को डराते रहे
आँख ख़ुद आईनों से बचाते रहे

सच की क़समें ही दिन-रात खाते रहे
इस तरह भूख अपनी मिटाते रहे

दौलतों ने अलग फ़ैसले कर दिए
हम वज़ूद-ए-ख़ुदा आज़माते रहे

बच्चों के दरमियाँ झूठे मज़हब न थे
हम सयाने थे क्या-क्या पढ़ाते रहे

वो मुक़ाबिल[1] हैं तो होंठ खुलते नहीं
ख़्वाब में पुल हवा के बनाते रहे

मेरे बारे में जब उनसे पूछा गया
ख़ाक लेकर हवा में उड़ाते रहे

सारा अमरित तो बस देवता पी गए
हम थे इन्सान क़ीमत चुकाते रहे

---

1. सामने

अपने हिस्से का अमरित लगे माँगने
दैत्य कहकर जिन्हें बरग़लाते रहे

दान में माँगकर यूँ कवच कुंडलें
हम हक़ीक़त से क्यूँ मुँह चुराते रहे

देखकर बेगुनाहों पे ज़ुल्मो-सितम
ख़ुद की नज़रों से ख़ुद को बचाते रहे

हमने देखा इबादत का ऐसा चलन
ज़ुल्म के आगे सब सर झुकाते रहे

'विप्लवी' हम उसूलों में ऐसे फँसे
होम कर हाथ अक्सर जलाते रहे

52

लक्ष्य पहले बनाने की ज़िद कीजिए
फिर निशाना लगाने की ज़िद कीजिए

आए हैं तो न जाने की ज़िद कीजिए
यूँ न दामन बचाने की ज़िद कीजिए

आप पहले ज़माने का रुख़ देखिए
फिर शराफ़त जताने की ज़िद कीजिए

एक ही जाम में लुट गई ज़िन्दगी
अब न, साक़ी! पिलाने की ज़िद कीजिए

रास आए न 'गर यूँ बहकना मेरा
मयक़दे में न लाने की ज़िद कीजिए

जख़्म सारे पुराने हरे हो गए
यूँ न ग़ज़लें सुनाने की ज़िद कीजिए

जोड़कर हम-फ़क़ीरों से रिश्ता मियाँ
अब न ख़ुशियाँ मनाने की ज़िद कीजिए

सिर्फ ख़त से तबीयत बहलती नहीं
यूँ न रस्में निभाने की ज़िद कीजिए

रात ज़ालिम है जाने कहाँ लूट ले
यूँ अकेले न जाने की ज़िद कीजिए

आज नासूर रिसने लगा 'विप्लवी'
क्या किसी से छुपाने की ज़िद कीजिए

53

ख़्वाब बोता रहा आदमी
पस्त होता रहा आदमी

लुत्फ़ लेती रही ज़िन्दगी
और रोता रहा आदमी

मौत की जुस्तजू[1] पालकर
उम्र ढोता रहा आदमी

और पाने की थी आरज़ू[2]
और खोता रहा आदमी

साज़ो-सामान छोड़ा नहीं
बोझ ढोता रहा आदमी

मैल गंगा की बढ़ती रही
पाप धोता रहा आदमी

ज़ुल्म हैवान करते रहे
और सोता रहा आदमी

ठंडी छावों की हसरत लिए
आग बोता रहा आदमी

'विप्लवी' ढूँढ़ते रह गए
और खोता रहा आदमी

---

1. तलाश 2. इच्छा

54

आग, मिट्टी, आसमाँ, पानी, हवा
जिस्म फ़ानी[1] रूह बेगानी हवा

पाए-हसरत को ज़मीं दरकार है
जी को बहलाती है बेमानी हवा

पास क़ातिल और मैं भी जाँ-निसार[2]
दोनों ज़ानिब[3] जानी-पहचानी हवा

उम्र भर मझधार का खटका रहा
कर न दे बर्बाद तूफ़ानी हवा

खिड़कियों दरवाज़ों पर रखिए नज़र
घर को लग जाए न बेमानी हवा

सारे पैराहन[4] उड़ाकर ले गयी
कर गयी फिर आज मनमानी हवा

मन्दिरो-मस्जिद की ख़ुशबू दे गयी
मेरे घर पे आके सैलानी हवा

---

1. नश्वर 2. जान देने को तैयार 3. पास 4. पहनावा

55

जुटा लें एक-जहती[1] का सरो-सामान होली में
मिलें कुछ इस तरह इन्सान से इन्सान होली में

बहुत कुछ जानकर बन जाइए अनजान होली में
नज़र आती हैं ख़ालाज़ान, भाभीज़ान होली में

नक़ाबें उठ गईं चेहरों से सब कुछ सामने आया
किसी के सर फटे, कुछ हो गए चालान होली में

किसी को हाथापाई करके रंगों में डुबो डाला
तो जैसे जा रहा है मारकर मैदान होली में

वफ़ा नाज़ुक सी कश्ती है, अभी निकली, अभी डूबी
जफ़ाओं[2] का उठाओ मत मियाँ तूफ़ान होली में

नज़र से रंग बरसे पैराहन[3] से ख़ुश्बुएँ निकलें
मगर वो शोख़[4] ख़ुद से लग रहा अनजान होली में

मयस्सर दीद थी जिनकी नहीं, आए गले मिलने
किसी ने कर दिया इतना बड़ा एहसान होली में

छुपाकर पी रहे हैं मय तो पानी के बहाने से
वही जो बन रहे थे साहिबे-ईमान, होली में

नहाकर रंग में वो जिस्म रंगों सा निखरता है
मियाँ पूछो न किस-किसका डिगा ईमान होली में

1. एकता 2. अत्याचार 3. पहनावा 4. चंचल

अज़ीज़ों के भी घर जाना, रक़ीबों के भी घर जाना
कहीं दिल में न रह जाए कोई अरमान होली में

ये ख़ुशियाँ चन्द दिन की हैं इन्हें रखना सहेजे तुम
ग़रीबी फिर न मनवाए कहीं, रमज़ान होली में

मिटा देती है उल्फ़त[1] यूँ दिलों के फ़ासले सारे
कि जैसे खो गई हर रंग की पहचान होली में

ये मत पूछो कि कितने रंग बदले है उदू[2] मेरा
बहुत मुश्किल है दुश्मन दोस्त की पहचान होली में

यह अपनी बेनियाज़ी[3] थी जो इक दिन रंग यूँ लाई
वो मुझपे और मैं उसपे हुआ क़ुर्बान होली में

हवाएँ हाथ पकड़े हैं, घटाएँ घर बुलाती हैं
हुई है किस तरह आबो-हवा शैतान होली में

करो मत शर्मसारी फिर बहाना बन्दिशों का ले
मुलाक़ातें हुईं अब तो बहुत आसान होली में

गुलालों से रंगे रुख़्सार[4], आँखों में शरारत सी
कि जैसे भाँग को रख कर खिलाया पान होली में

बिछाए 'विप्लवी' पलकें था वह, पर उसके चेहरे पे
अना[5] को छोड़ने का था न कुछ इम्कान[6] होली में

हमारी 'विप्लवी' तहज़ीब ही इन्सानियत की है
भुला दें रंजिशें पिछली, ये हो उन्वान[7] होली में

---

1. प्यार 2. दुश्मन 3. निस्पृहता 4. कपोल 5. अहंकार 6. सम्भावना 7. युक्ति

56

ख़ुद पे ईमाँ लाओ तो ज़र्रा ख़ुदा हो जाएगा
वरना जीवन का सफ़र सब बेमज़ा हो जाएगा

जो भी आया है यहाँ मोहरा है इक शतरंज का
क्या पता है, कौन, किससे, कब, जुदा हो जाएगा

बेईमानी का कोई नुकसान बतलाता नहीं
सब यही कहते हैं, इससे फ़ायदा हो जाएगा

सिर्फ़ जिस्मानी ख़ुशी की ख़ोज़ में इन्सान है
रूह की चिन्ता जो की तो ग़मज़दा हो जाएगा

ज़िन्दगी के रंग ही बेरंग से हो जाएँगे
मौत से जिस रोज़ तेरा सामना हो जाएगा

दोस्त-दुश्मन कौन है, इस बात का भी एक दिन
मुश्किलें आयीं अगर तो फ़ैसला हो जाएगा

कुछ न कहना नामाबर[1] जब हो रक़ीबों[2] से घिरा
वरना वह मेरे सबब सबसे ख़फ़ा हो जाएगा

दौलतों से प्यार है उसको यक़ीनन 'विप्लवी'
कौन कहता है कि वो मुझपे फ़िदा हो जाएगा

---

1. डाकिया 2. प्रेमिका के प्रेमी/प्रतिद्वन्द्वी

57

ख़ाक-ए-पा[1] ख़ुद को मान के निकले
वेही बस आसमान के निकले

दुश्मन अपनी जो जान के निकले
अपने ही ख़ानदान के निकले

झूठ की क्यूँ न वाहवाही हो
सच अगर हार मान के निकले

बारिशों को वह सह नहीं पाये
पाए कच्चे मकान के निकले

कोई शंकर बने पिए वह ज़हर
जो समन्दर से छान के निकले

इतने दिन से क़फ़स[2] में रहते हुए
हौसले सब उड़ान के निकले

ज़ातो-मज़हब से मत इन्हें तोलो
ये हैं हीरे खदान के निकले

दूरियाँ ख़त्म हो गयीं सारी
फ़ासले जब गुमान के निकले

1. पाँव की धूल 2. पिंजरा

जिनसे उम्मीदे-अदल[1] थी हमको
सारे ऊँचे मकान के निकले

लौटते ही नहीं हैं छुटने पर
तीर मेरी कमान के निकले

कैसे इंसाफ़ 'विप्लवी' मिलता,
लोग जब बेज़ुबान के निकले

1. न्याय की आशा

58

यार अजब सौदाई[1] निकले
पकड़ी, काट कलाई निकले

बात, मुख़ातिब उनसे होकर
घबराई-घबराई निकले

मुल्ला, सन्त, महन्त, पुजारी
सबके सब दंगाई निकले

कैसे हो इंसाफ़ यहाँ पर
मुंसिफ़-क़ातिल भाई निकले

जब मुझसे अनबन हो जाए
मुझमें लाख बुराई निकले

मेरे ग़म ही दवा हैं मेरे
इनसे पीर पराई निकले

मुँह खुलते ही उड़-उड़ जाए
अपनी बात पराई निकले

जब भी मेरा ज़िक्र आया तो
हँसकर नज़र झुकाई, निकले

1. पागल/प्रेमी

अफ़सर साँप, सँपेरे लीडर
जब-जब बीन बजाई, निकले

प्यास लिये पानी तक पहुँचूँ
हाथ लगाऊँ काई निकले

तू आँखों से ओझल हो तो
आँखों की बीनाई निकले

हाथ ज़मीर न फैलाने दे
ख़्वाहिश तो हरजाई निकले

पत्थर-पत्थर पाँव धरूँ तो
सागर की गहराई निकले

बीच-बचाव किया दुश्मन से
अपनों में उलझायी, निकले

क़सम मिरी खाकर ठहरे थे
क़सम ख़ुदा की खाई, निकले

किया 'विप्लवी' से याराना
हर सू[1] जाल बिछायी, निकले

---

1. हर तरफ

59

यक-ब-यक इज़्ज़त मुझे नाआश्ना[1] देने लगे
दिन फिरे तो रास्ते ही रास्ता देने लगे

शेख़ जी पीते हुए पकड़े गए तो जाम की
ख़ूबियाँ गिनवाईं, सबको मशविरा देने लगे

होश में हों तो तेरी आमद का कुछ रक्खें हिसाब
ख़्वाब तेरे वस्ल के ऐसा नशा देने लगे

ज़ख़्मे दिल से हों वो नावाक़िफ़ ये मुमकिन ही नहीं
क्या करें जब उनको मेरे ग़म मज़ा देने लगे

मरने वाले पर बकाया रह गया होगा हिसाब
लोग वरना क़ब्र पे क्यों फ़ातेहा देने लगे

चोर-डाकू और लुटेरे अब सियासतदाँ[2] बने
मुल्क़ की तक़दीर का फिर फ़ैसला देने लगे

राहज़न भी इस नए अन्दाज़ पे क़ुर्बान है
राहबर[3] बनकर दग़ा अहले-वफ़ा[4] देने लगे

आग घर की 'विप्लवी' बुझ भी न पायी थी अभी
दोस्त उट्ठे और पीछे से हवा देने लगे

---

1. अपरिचित 2. राजनीतिज्ञ 3. मार्गदर्शक 4. वफादारी करने वाले

60

ज़िद पे तूफ़ाँ है, किनारा कहीं मिला न मिला
लौट कर तुमसे दुबारा कहीं मिला न मिला

ग़ैर से कैसा गिला ख़ुद पे भरोसा कैसा
लग़्ज़िशे-पा को सहारा कहीं मिला न मिला

ढूँढ़ो मस्ज़िद में कि ढूँढ़ो किसी बुतख़ाने में
रूह के जख़्म का चारा कहीं मिला न मिला

अपनी तक़दीर को पढ़ने का इरादा है मगर
हाथ में हाथ तुम्हारा कहीं मिला न मिला

आओ हम मिल लें अभी कल का भरोसा क्या है
कल ये किस्मत का सितारा कहीं मिला न मिला

डूबती नाव के लोगों का ख़ुदा ही हाफ़िज़
नाख़ुदा वक़्त का मारा कहीं मिला न मिला

कह दो मरज़ीना से मुज़रिम पे चला दे खंजर
जाने कासिम का इशारा कहीं मिला न मिला

आज तो देख लें दुनिया को तेरी नज़रों से
जाने कल को ये नज़ारा कहीं मिला न मिला

दोस्त तो 'विप्लवी' होता है गुमाँ की सूरत
जब मुसीबत में पुकारा कहीं मिला न मिला

61

उस दर से लौट आना साहस की बात होगी
लोगों को क्या पड़ी है, आपस की बात होगी

ज़ुल्फ़ों का वो झटकना, चूनट पे हाथ देना
हमको तो ये लगा था, बतरस की बात होगी

आज़ादियों के सपने आँखों में रखने वालो!
पहले क़फ़स से निकलो फिर ख़स की बात होगी

बढ़ बढ़ के रोकते हैं रुख़सत के बाद उनको
इस तरह उनका रुकना क्या बस की बात होगी

ख़ैरात में पीने से क्या रोकता है साक़ी
जब होश मैं खो दूँ तो कुछ बस की बात होगी

62

रातों के अँधेरों से, उम्मीद ही क्या रखना
जब जी को जलाना हो, शमूओं को बुझा रखना

ख़ुश्बू-ए-मुहब्बत को इस तरह बचा रखना
कुछ मुझसे छुपा रखना, कुछ ख़ुद से छुपा रखना

सीखे तो कोई तुमसे हर एक का जी रखना
तूफ़ाँ को हवा देना, कश्ती को बचा रखना

तन्हाई के आलम की तस्वीर बदलने को
जब मुझको बुलाना तो उसका भी पता रखना

इक तेरी वफ़ा के ही सौ चाहने वाले हैं
किसने यह कहा तुझसे दरवाज़ा खुला रखना

रिश्तों को 'विप्लवी' जो आँके है तो दौलत से
क्या ऐसे अज़ीज़ों से उम्मीदे-वफ़ा रखना

63

तेरी नफ़रत प्यार हमारे
कैसे हों उद्धार हमारे

रहज़न, क़ातिल, चोर, लुटेरे
ये हैं पहरेदार हमारे

मज़दूरों ने पढ़ना सीखा
ठप हैं कारोबार हमारे

हर कोई अब वेद पढ़े है
कौन करे बेगार हमारे

जुल्मो-सितम को जब ललकारा
हाथ कटे हर बार हमारे

दहशत-गर्द, सुकूँ लाएँगे
सपने हैं लाचार हमारे

बारूदों से जंग हमारी
ज़ंग लगे हथियार हमारे

'विप्लवी' कब तक बहलाएँगे
शातिर, रहबर, यार हमारे

64

ठहरे हुए पानी में लहर देख रहे हैं
लोगों की ख़मोशी का असर देख रहे हैं

किस सम्त से हो वार पता ही नहीं चलता
आँखें हैं किधर और किधर देख रहे हैं

सौदे के लिए आए हैं या प्यार की ख़ातिर
हम देखने वालों की नज़र देख रहे हैं

आबाद किया है कभी बर्बाद किया है
हम शोख़ निगाहों का हुनर देख रहे हैं

इन्सान पर इन्सान के ये ज़ुल्म अनोखे
देखे नहीं जाते हैं मगर देख रहे हैं

हर शख़्स की नज़रों में अजब शक का समाँ है
लोगों में इक अनजाना सा डर देख रहे हैं

रातों का सफ़र 'विप्लवी' होता ही नहीं ख़त्म
हम हैं कि उम्मीदों की सहर देख रहे हैं

65

बद्‌गुमाँ आँख को सच राह जो दिखलाऊँगा
उसको हर तरह गुनहगार नज़र आऊँगा

उसकी आँखों में अजब मैल भरा है कि अगर
दूँ सफाई भी तो धुन्दला ही नज़र आऊँगा

हमसफ़र है तो मुझे राह का पत्थर न समझ
वरना शीशे सा सरे-राह बिखर जाऊँगा

गोह रूठेगी तो फिर भील के घर जाएगी
गाँव से बिगड़ी तो फिर शह्‌र का हो जाऊँगा

क़सम अल्लाह की खाता है जो ज़ालिम झूठा
सोचता है कि मैं अल्लाह से डर जाऊँगा

रोज़ी-रोटी ने मुझे ऐसा दिया है परदेश
जाने किस हाल में कब लौट के घर जाऊँगा

सर्द मौसम की तरह लोग भी ठंडे हैं यहाँ
लगता है प्यार की गर्मी को तरस जाऊँगा

इस तरफ़ मौत, उधर जीने की मज़बूरी है
इन तक़ाज़ों से मैं बचकर ही किधर जाऊँगा

तुम मिरे दिल में उतरने का सलीक़ा सीखो
फिर कहोगे तो समन्दर में उतर जाऊँगा

मेरा दुश्मन ग़मे-दिल रो के सुनाता है मुझे
और समझता है कि मैं इसपे यक़ीं लाऊँगा

ख़्वाब जन्नत के दिखाकर नहीं बहला मुझको
मैं ज़मीं पर ही बहुत ख़ुश हूँ कहाँ जाऊँगा

'विप्लवी' ज़िन्दगी कश्ती है हवा के हाथों
मौत लंगर ही लगा दे तो ठहर जाऊँगा

66

उजड़ गया है तो फिर घर कहीं बसा लेगा
यह दिल फ़क़ीर है इससे हिसाब क्या लेगा

उसी का मारा हुआ था, मगर ये लगता था
बिखर गया तो, सिमेटेगा और उठा लेगा

न देगा कुछ भी यह खुद्दारी[1] बेचने वाला
शजर[2] ही सूखा हुआ है तो छाँव क्या लेगा

नदी की प्यास है ख़ामोश इस भरोसे पे
कभी तो कोई समन्दर का जायज़ा लेगा

ज़मीं पे बैठा है मिलने को 'विप्लवी' सबसे
जो मिलने आएगा क़द अपना खुद घटा लेगा

---

1. स्वाभिमान 2. पेड़

67

झूठ को झूठ कहकर पुकारा करे
सच को इतना तो कोई गवारा करे

हार की जीत है जीत की हार है
झूठ जीता करे सत्य हारा करे

आपके प्यार में कोई पागल हुआ
रोज़ पलकों से रस्ते बुहारा करे

होंठ सूखे, न पानी मिला, अब कोई
आसमानों को कब तक पुकारा करे

जिसकी सारी तिजारत फ़रेबों से है
वह भला सच पे कैसे गुज़ारा करे

इक ख़ता भी नहीं बख़्शी जाए तो फिर
कोई कैसे ख़ताएँ दोबारा करे

मेरी तन्हाई पर वो तरस खाए है
अपनी तन्हाई का भी तो चारा करे

'विप्लवी' सब ख़ुदा की है नेमत यहाँ
वो ही मीठा करे वो ही ख़ारा करे

68

गुस्सा थूको छोड़ो यार
हुक्का फूँको, छोड़ो यार

दुनिया तुमको लूटेगी
तुम भी लूटो, छोड़ो यार

धरम-करम फिर कर लेना
आग न मूतो, छोड़ो यार

दिल पत्थर, चेहरे मासूम
कम मत कूतो, छोड़ो यार

कैसे उनके महल बने
कुछ मत पूछो, छोड़ो यार

यार दग़ा करते ही हैं
यूँ मत रूठो, छोड़ो यार

'विप्लवी' आएगी मंज़िल
यूँ मत टूटो, छोड़ो यार

69

तेरे बग़ैर तो होगा हिरास[1] का मौसम
बहुत खलेगा हमें आस-पास का मौसम

ज़िहन[2] से नंगा हुआ जाए आदमी देखो
छलावे जैसा लगे है लिबास का मौसम

शरर[3] से दिखते हैं फ़स्लों की आँख में अबके
ख़ुदा करे कि वो निकले पलास का मौसम

तमाम शहर में इक ज़हर गाँव में तल्ख़ीं
कहीं मरा तो नहीं है मिठास का मौसम

बदलते रहते हैं मौसम ये लोग कहते हैं
मगर बदलता नहीं कैसे प्यास का मौसम

हमें उजाड़ न डाले दिलों की कड़वाहट
न हाथ मलता ही रह जाए आस का मौसम

नज़र की नर्मियाँ फैला दो 'विप्लवी' हर सू
जो संग दिल[4] हो बहुत आसपास का मौसम

---

1. निराशा 2. विचार 3. अंगारा 4. पत्थर-दिल

70

सच हुआ बेज़ुबाँ, ये किसे है पता
झूठ है बद्‌गुमाँ, ये किसे है पता

अपने अन्दर समेटे हुए है मियाँ
एक प्यासा कुआँ, ये किसे है पता

एक ही आशियाने[2] में जन्मे-पले
कौन होगा कहाँ, ये किसे है पता

जब क़ज़ा आएगी सब बिखर जाएगा
मैं कहाँ, तू कहाँ, ये किसे है पता

शाख पर बोलते बोलते एक दिन
हम हुए बेनिशाँ, ये किसे है पता

कल मिले ना मिले फिर यह ताज़ा हवा
घोंट दे दम धुँवाँ ये किसे है पता

'विप्लवी'! ज़िन्दगी, बुलबुला आब का
फूट जाए कहाँ, ये किसे है पता

71

आँख के दर थे खुले, चुपचाप आया ले गया
चोर था, मेहमान बनकर दिल चुराया, ले गया

उस तिजारतबाज़[1] ने यूँ ख़ुद-ब-ख़ुद सौदा किया
नींद लूटी, ख़्वाब का आलम चुराया ले गया

जाते-जाते भी वो मुझसे ले गया पूरा हिसाब
अपने दिल में मुझको रखने का किराया ले गया

रौशनी की लत इन्हें लग जाएगी यह सोचकर
इन ग़रीबों का दिया किसने उठाया ले गया

आम इंसाँ तो सियासत का खिलौना है, कोई
जैसे बच्चों को परी का पर लगाया ले गया

ज़िन्दगी उसकी है उसको ही है इस पर इख़्तियार
उसके जी में जिस घड़ी आया बुलाया ले गया

सच फँसा जब 'विप्लवी' तारीकियों के जाल में
हाथ तब कोई बढ़ा, आया, बचाया, ले गया

---

1. व्यापारी

72

जो भी तेरी हस्ती को मिटाने में लगे हैं
दुश्वारियाँ अपनी ही बढ़ाने में लगे हैं

कम अस्ल को ही अस्ल बताने में लगे हैं
कुछ लोग तमाशा ही दिखाने में लगे हैं

सच्चा है अगर प्यार तो है जन्मों का रिश्ता
वरना तो सभी रस्म निभाने में लगे हैं

घर फूँकने वालों को सज़ा कौन दिलाए
यह मुल्क़ ही जब लोग जलाने में लगे हैं

रूठा है मियाँ जिनके सबब सब का मुक़द्दर
उनको ही यहाँ लोग मनाने में लगे हैं

जागेंगे तो बदलेंगे ये हालात यक़ीनन
हम सोई हुई क़ौम जगाने में लगे हैं

73

तअल्लुक़ ही न था मुझसे तो यह तुझको हुआ क्या था
मेरे बारे में आख़िर रात दिन तू सोचता क्या था

हज़ारों ग़म छुपा रखे थे दिल में जब तो यह बतला,
हँसी की मार्फ़त लोगों में फिर तू बाँटता क्या था

अगर कोई तेरा दुश्मन नहीं था इस ज़माने में
तो बेहोशी में तेरे लब पे आख़िर काँपता क्या था

तुझे इस ज़िन्दगी से काम लेना था बड़ा कोई
तो इन साँसों से अपनी उम्र को फिर नापता क्या था

जुआ है ज़िन्दगी तो जीतना क्या हारना क्या है
ज़रा सी बात पर दिन-रात फिर तू सोचता क्या था

तू जिसको ऐब समझे था वो ख़ूबी है ज़माने की
डुबो के सागरो-मीना में खुद को ढाँपता क्या था

गए घर 'विप्लवी' तो बस अँधेरों से ही मिल आए
जहाँ तुम ही मिलो तुम ही, तुम्हारा वो पता क्या था

74

ज़िन्दगी इश्क़ है, बेवफा हैं क़दम
क्यूँ न मंज़िल के पहले निकल जाए दम

बेगुनाहों पे होते हैं लाखों सितम
जो गुनहगार हैं उनपे रहमो-करम

दूसरों के लिए खोदकर खाइयाँ
अपने क़द से तो ऊँचे दिखे होते हम

तेरे बँटवारे में खोट है, या खुदा
मेरे हिस्से में आया ज़माने का ग़म

आँसुओं ने तबाही बहुत रोक ली
आग दिल की बुझी तो जले सौ भरम

हमको क़समों पे होता नहीं एतबार
हुई रुस्वा अदालत में जबसे क़सम

हैं गिरफ़्तार अपनी हुकूमत में जो
'विप्लवी' किससे माँगेंगे रहमो-करम

75

जिसे तिरी हो उसे क्यों किसी की आस रहे
वह ख़ुद से दूर कहाँ है जो तेरे पास रहे

ये योजनाएँ तो सारी सराब[1] जैसी थीं
भरोसे जो भी थे दरिया के सब उदास रहे

मुझे तो ऐसे ही कुछ दोस्तों से ख़तरा था
जो मेरे पास रहे और बहुत ही ख़ास रहे

भला अवाम के दुःख-दर्द क्या समझ पाते
जो लोग अहले-हुकूमत के आसपास रहे

---

1. मृगतृष्णा

76

दिल चुराते हैं, जान लेते हैं
प्यार का इम्तिहान लेते हैं

कहते हैं मुझपे जान देते हैं
अब चलो, सच ही मान लेते हैं

झूठ कहकर जिया नहीं जाता
सच कहूँ' गर तो जान लेते हैं

झूठ बन जाय सच इसी ख़ातिर
हाथ गीता-क़ुरान लेते हैं

77

कोई मिरा भी ख़ुदा बनके मेरे साथ रहे
तो मेरे साथ भी सूरज तमाम रात रहे

ये झूठे वादे कहाँ तक फ़रेब दे पाएँ
मुकर भी जाए वह मुझसे तो उसकी बात रहे

जो करके नेकियाँ दरिया में डाल देते थे
कहाँ वह लोगों के ख़ामोश तजरबात रहे

बजा है वादा-ए फ़र्दा मगर यहाँ कल तक
किसे पता है ज़माना हमारे साथ रहे

78

चेहरे से नक़ाब अपने हटा क्यों नहीं देते
तुम नाम सियासत में लिखा क्यों नहीं देते

आवाज़ ये देती हैं उजालों की उमीदें
बुझने को शरारे हैं हवा क्यों नहीं देते

फल-फूल न साया जो मुसाफ़िर को कभी दे
उस पेड़ को फिर आग लगा क्यों नहीं देते

दिल उनका जहाँगीर है, मिल जाएगा इन्साफ़
एहसास की ज़ंजीर हिला क्यों नहीं देते

शब[1] सर्द, अँधेरी है उफ़क़[2] तक है कुहासा
तुम जिस्म से शमूओं को जला क्यों नहीं देते

1. रात 2. क्षितिज

79

आँधियों के सामने जलता दिया बनकर 'कबीर'
रास्ता भटके हुओं का बन गया रहबर[1] 'कबीर'

आदमी को ज़ात, मज़हब क़ौम से करके अलग
एक चादर में सभी को रख गया बुनकर 'कबीर'

मज़हबी-नफ़रत में थी इंसानियत बेक़स[2] पड़ी
आ गया मझधार में कश्ती लिए अक्सर 'कबीर'

चाँद सूरज की जहाँ तक रौशनी पहुँची न थी
'सबद-साखी' का अलख लेकर गया घर-घर 'कबीर'

वेद हो, क़ुरआन हो, गुरु-ग्रन्थ हो या बाइबिल
राह सच की एक है, सिखला गया मरकर 'कबीर'

'विप्लवी' ज़ालिम के मुँह पर ही खरी-खोटी कही
सच को ताक़त दे गया ख़ुद आग में जलकर 'कबीर'

1. मार्गदर्शक 2. बेसहारा

80

अब के सावन में ये कमी होगी
तुम न होगे तो क्या ख़ुशी होगी

हूर सा नूर तेरी आँख में है
और किसमें ये रौशनी होगी

अबके गुम है बहार की आमद
कहीं ठिठकी, कहीं थमी होगी

देख लेना कि दौरे-हाज़िर में
सच पे तलवार ही तनी होगी

'विप्लवी' आज तो मिलो आकर
जाने कल किसकी चाँदनी होगी

81

ये सूखी आँख बे-पानी, अजब किरदार[1] लगती है,
कि जैसे रेत पे ठहरी हुई दीवार लगती है

अजब इस ज़िन्दगी में भी परस्तिश[2] ख़्वाहिशों की है
नदी सूखी हुई है फिर भी जू-ए-बार लगती है

हुकूमत को यह गुस्ताख़ी पसन्द आ ही न पाएगी
यह जनता कैसे अपने हक़ की दावेदार लगती है

कहीं जाऊँ, कहीं ठहरूँ वतन ख़्वाबों में रहता है
मुझे ग़ुर्बत[3] में उसकी याद ही घर-बार लगती है

ज़माना 'विप्लवी' सच के लिए कितना ही मुश्किल हो
खुदा चाहे तो यह मिट्टी की कश्ती पार लगती है

---

1. अभिनय करने वाला 2. आराधना 3. परदेश

82

वह जब भी सच छुपांकर बोलता है
तो कितना मुस्कुराकर बोलता है

बता दूँ मैं इरादा चेहरा पढ़कर
वो कब चिलमन[1] उठाकर बोलता है

बरहना[2] जब भी होता है ज़माना
क़सम आदम की खाकर बोलता है

रक़ीबों पर गिरे है गाज़ जब वो–
मेरे मातम में आकर बोलता है

क़सम से 'विप्लवी' क़ाफ़िर नहीं वो
क़सम तो भी उठाकर बोलता है

---

1. परदा 2. नंगा

83

जो दर्द हमारे अपने हैं वो दर्द ज़माना क्या जाने
जो ख़ून बहाने आया है, वो प्यार निभाना क्या जाने

हर शाम क़सम खाता है और हर सुबह को तौबा करता है
जो ख़ुद को धोका देता हो, औरों से निभाना क्यों जाने

जो धन-दौलत पर मरता है, ढूँढ़े है ख़ुशी अंधों की तरह
मिलता नहीं ऐसे राह पड़ा ख़ुशियों का खज़ाना, क्या जाने

आँचल के जल जाने का डर, दीपों की मौत न रोक सका
जो आग से इतना डरता है, वो दीप जलाना क्या जाने

हर बात से बात निकलती है इक बात के इतने पहलू हैं
दहशत है नई तहज़ीब का रंग, ये शहर पुराना क्या जाने

सब लोग 'विप्लवी' से पूछें, क़ातिल के गुज़रने का रस्ता
घर वाले शरीक़े-क़त्ल हुए, ये बात ज़माना क्या जाने

84

आज चुप है सड़क, शह्र ख़ामोश है
क्या गुज़रती है हम पे किसे होश है

क़त्ल 'अस्लम' हुए, कुछ 'मदन' मर गए
कुछ मुहल्लों में अब भी बहुत जोश है

कुछ मकाँ जल गए, कुछ मकीं जल गए
कह रहे हैं 'हुकूमत का क्या दोष है'

दफ़्न करने में मुर्दों को जल्दी करो
भीड़ को इतना कहने का तो होश है

चूल्हे जलने से पहले मकाँ जल गए
फिर भी बस्ती में हर शख़्स निर्दोष है

जिसके शौहर का ख़ूँ हो गया 'विप्लवी'
सच बताने का उसमें कहाँ होश है

85

एहसान करके कीजिए ईसार[1], ऐ हुज़ूर
मेहमान बनके आइए इक बार, ऐ हुज़ूर!

माना कि मेरी याद सताए है रात-दिन
यह क्या कि भूल जाइए घर-बार, ऐ हुज़ूर!

बाज़ार में भी रखिए क़दम एहतियात से
इक हद के बाद बन्द है व्यापार, ऐ हुज़ूर!

किससे करें समाज की सेहत पे गुफ़्तगू
इस शहर में हर एक है बीमार, ऐ हुज़ूर!

मुझको न घर बसाने का सपना दिखाइए
गिरते हुए मकाँ की हूँ दीवार, ऐ हुज़ूर!

रूठे रहेंगे आप यूँ ही 'विप्लवी' से क्या
गुस्से को थूक दीजिए सरकार, ऐ हुज़ूर!

---

1. स्वार्थ-त्याग

86

वो तो न आए और न आने थे वाक़ई
जो भी हो, अपने ख़्वाब सुहाने थे वाक़ई

हमने तो दिल लुटाया, लुटाते चले गए
वे प्यार दिखाते थे, सयाने थे वाक़ई

इस प्यार में यहाँ तो ज़माने से लड़ गए
उनके लिए ये शौक़ पुराने थे वाक़ई

वे 'विप्लवी' के दुःख पे कई बार रो पड़े
कैसे कहें कि अश्क, बहाने थे वाक़ई

87

मेरी आँखें, उसके सपने
पूरी रात, अधूरे सपने

कभी हँसाएँ, कभी रुलाएँ
ऐसे भाँग-धतूरे सपने

रातें शाही, दिन भिखमंगे
इतने बड़े लुटेरे सपने

खेल दिखाकर झोली भर ली
अच्छे-भले जमूरे सपने

रेत महल सा ढहता जाऊँ
जाने कब हों पूरे सपने

88

वो झूठे सर उठाके जा रहे हैं
ये सच्चे मुँह छुपा के जा रहे हैं

शरीके-जुर्म थे पकड़े गए तो
मुझे अपना बता के जा रहे हैं

ये देखो नक़ली चेहरे आईनों को
अजब आँखें दिखा के जा रहे हैं

डुबोकर बीच दरिया, कह रहे हैं
मुझे तीरथ कराके जा रहे हैं

जिन्हें दी 'विप्लवी' ने छाँव अपनी
वही तो जड़ हिलाके जा रहे हैं

89

किसी का आसरा हमने लिया लिया न लिया
किसी ने साथ हमारा दिया दिया न दिया

रक़ीब साथ थे उनका ख़याल रखना था
सलाम यार ने मेरा लिया लिया न लिया

हमारे सामने जब सैकड़ों थे मैखाने
किसी का जामे-मोहब्बत पिया पिया न पिया

मरीज़ जान-ब-लब[1] और वादा-ए-फ़रदा[2]
तुम्हारे प्यार का मारा जिया जिया न जिया

लिबास 'विप्लवी' ढूँढ़ा किए तमाम हयात[3]
कफ़न का क्या है किसी ने दिया दिया न दिया

1. जान मुँह को आयी 2. कल का वादा 3. जीवन

90

आंख का अश्क मेरे दर्द से कमतर निकला
जाना जाता है कि इस राह से लश्कर निकला

अश्क निकला कि गया आख़िरी सामां घर का
ज़ब्ते-ग़म जैसे कोई मेरा चुराकर निकला

मेरी कम-मायेगी मुझ से ही छुपाये न छुपी
पैर चादर से जो ढांपा तो मेरा सर निकला

लोग पत्थर को जगाने का हुनर जानते हैं
मैंने इंसाँ जिसे समझा था वह पत्थर निकला

उसकी क़ुर्बत ने तो कुछ और बढ़ा दी मेरी प्यास
एक क़तरा सा जो दिखता था, समन्दर निकला

यह तो माँ की ही दुआ थी, कि जब उलझा मुझसे
सहमा-सहमा हुआ तूफ़ान का तेवर निकला

ख़्वाहिशों ने ही मुझे चैन से जीने न दिया
मेरा दिल था, जो मेरे हक़ में सितमगर निकला

दुश्मनी करता है दुश्मन, मिरा सच्चे दिल से
दोस्ती के तो फ़रेबों से वह बेहतर निकला

'विप्लवी' उसने बिठाया मुझे पलकों पे मगर
ख़ार दिल में जो लिये था कहां बाहर निकला

आज़ाद अशआर

दिल शाद है तो रब को दुआ क्यों नहीं देते
मुश्किल में हो तो उसको सदा क्यों नहीं देते

***

तेरी रहमत मिले तो और कोई जुस्तजू क्यों हों
तेरा दर हो तो फिर दरदर भटकने की ज़रूरत क्या

***

मेरे ख़ुदा जिसे ऊँचाइयाँ कभी बख़्शे
उसे ज़मीन पे चलने का भी चलन देना

***

ख़ुदा हो या न हो, ऐसे सवालों के मआनी क्या
मगर वो कौन है जो मुश्किलों में याद आता है

***

जाने कैसे वक़्त पे उसका बुलावा आएगा
आ गया तो फिर बहाना क्या बनाया जाएगा

***

आप से मिलकर जो दिल को घाव इक ताज़ा लगा
फूल से क्या ख़ार का रिश्ता है अन्दाज़ा हुआ

***

बेवफ़ा तेरा भरोसा उम्र भर करना पड़ा
ख़ुद को तेरे दर की ख़ातिर दर-ब-दर करना पड़ा

***

परिन्दे चुग गए सब खेत कुछ बाक़ी नहीं है
खड़ा है मुल्क़ खाली पेट कुछ बाक़ी नहीं है
चुरा कर ले गया ये कौन सीपी-शंख सारे
बची है हाथ गीली रेत कुछ बाक़ी नहीं है

***

मिले जो तू तो कोई और जुस्तजू क्या हो
ये सर रहे तो तेरे दर की ही तलाश रहे

***

अँधेरे में किसी का साथ साए भी नहीं देते
नज़ीर अच्छी है, अपने दोस्तों के काम आएगी

***

वज़्म[1] तक आकर न चेहरे पर अगर लौटी ख़ुशी
फिर तुम्हारे घर के क़िस्से सड़कों पे आ जाएँगे

***

तुम्हारे हुस्न को को जो रू-ब-रू न होने दे
रक़ीब[2] वो भी है जिसको नक़ाब कहते हैं

***

वो मेरे दिल में रहने को है राज़ी
किराए के मकाँ से भर गया जी

***

जायदादों के लिए कितने मरे कितने मिटे
जायदादें क़ब्र तक मैयत को पहुँचाती नहीं

***

इश्क़ में जलकर वो परवाना मुनादी कर गया
मरने वालो कोई अच्छा सा बहाना ढूँढ़ लो

***

तुम्हारे ख़ून की ज़िन्दा हरारत की सदा देगा
बुलन्दी हौसले की देख तूफ़ाँ रास्ता देगा

***

1. सभा 2. प्रेमिका का दूसरा प्रेमी

तुमको तो पड़ा वास्ता कुछ देर को इनसे
याँ उम्र अँधेरों से निभाने में गुज़ारी

***

मेरे लिए तो दुश्मन ही है तुम कहते हो साया है
शमूआ जब-जब रौशन की है, तुमसे लिपटा पाया है

***

दो चाहने वाले थे छुपे 'ताज' में जाकर
दुनिया ने बस इसी को तमाशा बना दिया

***

जो नाख़ुदा तूफ़ाँ से मुसाफ़िर को डराए
लोगो उसे साहिल पे डुबो क्यों नहीं देते

***

बना करते नहीं हैं 'ताज़' सबके जान देने पर
यहाँ तो ज़िन्दगी को क़ब्र भर सामाँ नहीं मिलता

***

बिलकुल पहले जैसे हो तुम
और बताओ कैसे हो तुम
चिट्ठी, फोन, न आना-जाना
सूम सेठ के पैसे हो तुम

***

ख़त से ख़्वाबों से तस्कीन[1] देते रहे
ये न मिलने की क्या ख़ूब तरकीब है

***

मुलज़िम के आप ख़ुद ही मुलाज़िम[2] हैं सोचिए
इंसाफ़ बाँटना, बड़ी हिम्मत की बात है

***

गाँव से उजड़े कहीं पैबन्द से चिपके हैं लोग
शहर के इस शौक़ ने बेघर कई पैदा किए

***

---

1. तसल्ली 2. नौकर

झील, झरने थे बात करते रहे
वरना तो वादियाँ[1] अकेली थीं

***

उनको हक़ है मेरी शिकायत का
हाँ वो इतने अज़ीज़ लगते हैं

***

मेरे सपने, तेरे सपने
हम हैं साँप; सँपेरे सपने

***

फ़ीके-फ़ीके ज़िन्दगी के रंग सब हो जाएँगे
मौत से जिस दिन तुम्हारा सामना हो जाएगा

***

दोस्त-दुश्मन कौन है, इस बात का भी एक दिन
मुश्किलें आईं अगर तो फ़ैसला हो जाएगा

***

रात का इतिहास बदलेगा ज़रूर
यह नहीं समझे कि सूरज मर गया

***

ज़िन्दगी का मर्हला[2] तो मौत है
कौन मक़्तल[3] तक मगर हँसकर गया

***

अँधियारे में कौन बचाए
रहबर तो परछाईं निकले

***

1. घाटियाँ 2. गन्तव्य 3. वध-स्थल